与改革同行 I

中国改革开放和伟大复兴

李佐军　田惠敏◎编著

CHINA'S REFORM AND OPENING UP AND GREAT REJUVENATION

中国经济出版社
CHINA ECONOMIC PUBLISHING HOUSE
北 京

图书在版编目（CIP）数据

与改革同行：中国改革开放和伟大复兴．Ⅰ/李佐军，田惠敏编著．—北京：中国经济出版社，2021.1
ISBN 978-7-5136-6300-7

Ⅰ．①与…　Ⅱ．①李…　②田…　Ⅲ．①改革开放-研究-中国　Ⅳ．①D61

中国版本图书馆 CIP 数据核字（2020）第 166904 号

责任编辑　杨　莹
文字编辑　郑潇伟
责任印制　巢新强
封面设计　久品轩

出版发行　中国经济出版社
印 刷 者　北京九州迅驰传媒文化有限公司
经 销 者　各地新华书店
开　　本　787mm×1092mm　1/16
印　　张　17
字　　数　250 千字
版　　次　2021 年 1 月第 1 版
印　　次　2021 年 1 月第 1 次
定　　价　98.00 元
广告经营许可证　京西工商广字第 8179 号

中国经济出版社　**网址** www.economyph.com　**社址** 北京市东城区安定门外大街 58 号　**邮编** 100011
本版图书如存在印装质量问题，请与本社销售中心联系调换（联系电话：010-57512564）

序　一

行走于历史长河，那些被铭记的特殊岁月警醒世人，并给予后者不断前行的力量。2018 年正是如此。2018 年，中国迎来改革开放 40 周年，以习近平同志为核心的党中央，在前所未有的深度和广度上，以深谋远虑、深化变革、深刻重构的国家治理体系和治理能力现代化的大力度改革，将中国特色社会主义伟大事业推向新境界。

1956 年，《人民日报》发表了一篇我的文章，题目是《企业要有一定的自主权》，并配了一幅漫画，漫画内容是"一个企业为了买打字机，坐火车到北京来请示，部里的领导办公桌上已经堆了厚厚一摞的审批文件"。这也是我当时在一机部工作时的切身体会，企业体制弊病已经到了非改不可的地步。由于当时的特殊环境，这篇文章发表后，我差点被划为"右派"。2018 年是改革开放 40 周年，如果从 1956 年算起，历史和时代将我和经济体制改革问题连在一起已经整整 62 年。

回首改革开放的基本历程，我进行了梳理。总的来看，中国的经济体制改革是从农村到城市，从经济领域到其他各个领域全面展开的。到目前为止，这一历程大致可以划分为目标探索、框架构建、体制完善和"五位一体"全面深化改革四个阶段。

第一阶段：改革的启动和目标探索阶段。自 1978 年党的十一届三中全会到党的十四大确立我国实行社会主义市场经济体制是改革的启动和目标探索阶段。改革首先从农村开始，逐步向城市推进；对外开放从兴办经济特区开始，向开放沿海、沿江乃至内地推进。

第二阶段：社会主义市场经济体制框架初步建立阶段。以党的十四大确立社会主义市场经济体制的改革目标、党的十四届三中全会通过《关于建立社会主义市场经济体制若干问题的决定》为标志，我国正式确立社会主义市场经济的改革方向和基本内容。到2002年，社会主义市场经济体制的基本框架初步建立。

第三阶段：社会主义市场经济体制的初步完善阶段。党的十六大提出，到2020年建成完善的社会主义市场经济体制的改革目标，党的十六届三中全会对建设完善的社会主义市场经济体制作出全面部署。与此同时，党中央总结提出科学发展观和构建社会主义和谐社会的重大战略构想，作为深化改革的重要指导思想。至此，我国改革进入完善社会主义市场经济体制的新阶段。

第四阶段："五位一体"全面深化改革的新阶段。2012年党的十八大召开，选举产生了党的新一届领导核心。在党中央的坚强领导下，我国不仅有效应对复杂国际政治经济环境的风云变幻，更在相当不利的条件下取得了经济的中高速平稳增长。党的十八届三中全会作出的《中共中央关于全面深化改革若干问题的决定》明确表明，改革不再拘泥于经济体制改革领域，而是涵盖社会、政治、文化及生态文明"五位一体"的全面改革。与此同时，为落实这些改革内容，中央全面深化改革领导小组已召开了37次会议，会议内容囊括了农村集体土地制度改革、司法体制改革、财税体制改革等在过去的改革中一直难以解决甚至回避的诸多议题，彰显了新的领导集体直面改革难点的勇气。

40年来，我们沿着中国特色的社会主义道路不断前进，历经了从计划经济到商品经济，再到市场经济的探索；从无到有，构建了中国的社会主义市场经济体系并不断进行完善；扭转了"文化大革命"的动荡混乱，走向依法治国并不断提高国家治理水平。可以自豪地说，中国的改革事业取得了不可磨灭的成就。

这些都是我亲身经历了改革开放全过程的感悟，更多的是一种经验之谈。李佐军与田惠敏的《与改革同行》系列图书纵览改革开放40年，以五年作为一个跨度,从不同的视角勾勒出一个清晰的历史脉络。书中记载了详尽的历史事件和数据,针对改革工作给出了详尽的分析与客观的评价。作为体制改革的直接参与者和实践者,我了解其发展过程,目睹其成就,书中的记录唤起了我对这些年改革工作的回忆。改革历史精彩丰富,非我一个人或一本书所能陈述清楚。希望本书能够成为记载我国改革开放历程、经得住历史和后人检验的书。

著名经济学家
原国家体改委副主任 高尚全

序　二

自 1978 年后期开启改革开放至今已经 40 多年。40 多年的改革取得了非常大的成就,但改革的进程并非一帆风顺,经历了一些曲折甚至反复。在纪念改革开放 40 周年之际,我们应当认真回顾 40 年来改革的历程、深刻总结其中的经验和教训以此来推进未来的改革事业。

中国 40 年改革是在不断探索中前行的。

20 世纪 80 年代,改革在计划与市场之间摇摆。"文化大革命"结束之后,中国派大批官员出国考察,国内外的鲜明对比给这些官员带来很大震撼,逐步形成了开放市场或发展"商品经济"的共识,当时中国的主要领导人也相继提出了"计划经济与市场经济相结合"等改革思路。但由于"左"的思想钳制和对现代经济学发展的漠视,人们对于什么是市场经济及市场经济如何通过价格机制实现稀缺资源的有效配置还缺乏认识,市场经济必然导致"竞争和无政府状态"的苏式教条仍盘踞在许多人头脑之中,因此,很多人易于接受"计划经济为主,市场调节为辅"之类的药方。在"计划经济为主"的约束下,80 年代初期的改革还不是在整个经济体系内系统地进行,而只是着重于个别部门或个别方面的政策调整,即使某些带有制度变革性质的改革,如安徽、四川等地允许土地承包,也采取了不改变基本经济制度、实行集体所有和家庭承包"双层经营"的形式。这种变通性的政策调整虽取得了一定成效,但不足以实现国家振兴。于是,在 20 世纪 80 年代中期,开展了一场"改革目标模式"大讨论。

1984 年召开的中共十二届三中全会明确了中国改革的目标，即建立“在公有制基础上有计划的商品经济”或者“社会主义商品经济”。但是对于“社会主义商品经济”的具体内容仍然存在不同的理解，1985 年 9 月，《中共中央关于制定国民经济和社会发展第七个五年计划（1986—1990 年）的建议》提出了“七五三条”，对“社会主义商品经济”的具体内容作了明确界定，即：①使企业特别是全民所有制大中型企业真正成为相对独立、自主经营、自负盈亏的社会主义商品生产者和经营者；②进一步发展商品市场，“开辟和发展资金市场、技术市场”，逐步完善市场体系；③国家对企业的管理逐步由直接控制为主转向间接控制为主，这就意味着中国接受了科尔纳在“巴山轮会议”上界定的“有宏观经济管理的市场协调”（ⅡB）模式作为经济改革的目标模式。根据“七五三条”，国务院在 1986 年部署了“价格、税收、财政配套改革”，以期社会主义商品经济新体制能够在 80 年代末期起主导作用，不过后来情况发生了变化。1987 年的中共十三大报告把“社会主义有计划的商品经济”的“运行机制”确定为“国家调节市场，市场引导企业”。这意味着改革的目标模式由“有宏观经济管理的市场协调”（ⅡB）模式回到了计划与市场相结合的“间接行政控制”（ⅠB）模式，市场不再是自主自由交易的真正市场，而是由政府掌控的“管制下的市场”。

市场化改革的停顿和发展方式的缺陷引发了严重的通货膨胀，在一定程度上激发了社会矛盾。80 年代末期出现经济和政治波动后，一些人提出要回到“计划经济为主、市场调节为辅”上去。这种主张遭到邓小平等领导人的坚决抵制。在 1991 年 10—12 月中央召集的系列座谈会上，与会经济学家在与江泽民总书记的对话中，论证了确立社会主义市场经济改革目标的必要性。在 1992 年年初邓小平南方谈话的推动下，1992 年 10 月召开的中共第十四次全国代表大会正式宣布，以市场机制在资源配置中起基础性作用的社会主义市场经济作为改革目标。1993 年 11 月，中共十四届三中全会审议通过了《关于建立社会主义市场经济体制若干问题的决定》（以下简称《决定》），将十四大确定的经济体制改革设想具体化，开启了建设“统一、开放、竞争、有序的大市场”的进程，对社会主义市场经济体制的建立产生了重大而深远的影响。该《决定》明确提出了“整体推进和重点突破相结合”的新改革战略，对财税、金融、外汇、国企、社保等重点领域改革提出了明确目标，拟定了具体方案。此后，这些领域的改革得到了实质性推进。

1995 年召开的中共十四届五中全会上通过的“九五”计划正式提出了“实现两个根本转变”，即实现经济增长方式从粗放型到集约型转变，以及经济体制从传统的计划经济向社会主义市场经济体制转变。1997 年，中共十五大提出，要“加快国民经济市场化进程”，“尽快建成统一开放、竞争有序的市场体系”，将“调整和完善所有制结构”作为改革的首要任务。1999 年，中共十五届四中全会通过的《关于国有企业改革和发展若干重大问题的决定》进一步明确，要推进国有经济战略性改组，明确宣布“非公有制经济是我国社会主义市场经济的重要组成部分”。与经济体制改革相配合，中共十五大还提出了“依法治国，建设社会主义法治国家”的改革要求。

20 世纪 90 年代，改革在理论上的突破和实践上的推进，使中国初步建立起市场经济体制的基本框架，并在这具有活力的体制推动下实现一直延伸到 21 世纪初的强劲增长。不过，十四届三中全会和十五大建设统一、开放、竞争、有序的市场体系的目标并没有完全实现，而是在保留了命令经济（或称统制经济）许多“遗产”的情况下，形成了一种“半市场、半统制”的格局。这种过渡性的体制存在转向现代“法治的市场经济”和国家资本主义畸形体制两种可能的发展前途。2006 年以后，主张强化国家对市场掌控的力量在舆论界一度占据上风，造成了改革的停顿，也使经济和社会矛盾日益积累，甚至出现了某些“国进民退”的现象。同时，改革的停顿也使经济发展模式转变发生了某种程度的逆转，在许多地区出现了用海量投资进行形象工程和政绩工程建设的潮流，使金融风险迅速积累。

这个曲折再次引发了“中国向何处去”的辩论，越来越多的民众和官员要求重启改革议程，推进市场化、法治化改革。2012 年召开的中共十八次全国代表大会不负众望，做出了“以更大的政治勇气和智慧，不失时机深化重要领域改革”的历史性决定。紧接着，十八届三中全会《中共中央关于全面深化改革若干重大问题的决定》指出，“经济体制改革是全面深化改革的重点，核心问题是处理好政府和市场的关系，使市场在资源配置中起决定性作用和更好发挥政府作用”，“建设统一、开放、竞争、有序的市场体系，是使市场在资源配置中起决定性作用的基础”，“全面深化改革的总目标是完善和发展中国特色社会主义制度，推进国家治理体系和治理能力现代化”，这为全面深化改革指明了方向。此后又陆续发布了1600多项改革方案和指导文件。整个改革进入攻坚决胜的阶段。

回首改革开放40年，我们不难发现，凡是在市场化、法治化改革取得实质性进展的时候，经济社会发展就会有比较好的表现，人民生活质量也会有显著的提升。反之，我们的事业就会遭到挫折，社会矛盾也会因此凸显出来。所幸的是，虽然40年改革经历了多次曲折，但是每经历一次曲折，我们都上了一个新的台阶，其中的许多改革经验教训，都值得我们在改革和发展中汲取。

展望未来，我们仍然面临着推进市场化、法治化改革的艰巨任务。目前，中国面临着复杂多变的国内外环境。成功应对多变的环境，唯有认真落实已经制定的总体规划和改革方案，在制度建设上取得实质性进展，才能实现持续稳定的发展，并通过改进民生使大众得到实惠。

40年改革开放经历是我们走向未来的基础，是我们的宝贵财富。40年的经历及其所蕴藏的经验和教训需要各方面从多个维度进行梳理和总结。李佐军、田惠敏同志从政府与市场关系视角编写了《与改革同行》系列图书，以改革开放进程中每个月发生的事实为依据，力求系统和完整地记录1978年12月至2018年12月的改革开放历史，并发表自己的观点。这为深入细致地从改革开放历程中汲取营养提供了基础材料，因此，这是一项十分有意义的工作。

在本系列书中，两位作者运用现代经济学的基本原理和分析方法，系统地梳理了中国在改革开放过程中每个月的重要文件、重大事件、重要论述和重要数据，并结合自己的思考和研究，对每月中最重要的文件、事件、论述进行了点评，对改革开放过程中的一些重要理论问题进行了分析。同时，他们在表现形式上也下了一些功夫，如每篇都列出了参考文献。梳理史料、研究历史并非易事，他们在繁忙的工作之余，坚持平均每天写一篇，每天凌晨四点多起床收集整理资料、写作、修改、发布（微信、微博、博客、国研网和中国发展网等平台），展现了历史责任感，其精神值得感佩。

我热忱地向大家推荐本系列书。让我们一起在回顾改革开放历史中有所思、有所悟，将我国的改革开放事业继续推向前进。

著 名 经 济 学 家
国务院发展研究中心研究员 吴敬琏

序　三

改革进程是思想解放和实践探索联动的过程，中国的改革是从计划经济到商品经济再到对市场经济的探索，这条道路，我们已走过了 40 年。自 1978 年党的十一届三中全会到如今新的历史起点，这 40 年的历程里取得的成绩、获得的教训与经验，都值得我们不断回顾并有所思考。这正是我推荐此书的原因所在。走过这条道路时历经的种种是不容我们忘记的，它需要我们拾起，重新摆在我们的面前，同时我们也需要被它们唤醒，看看怎么走接下来的路。我相信这样一本事件清晰、评论深入、资料丰富的著作，会受到学术研究者的重视，也有助于推进大家对中国改革问题的深入探讨。

改革开放前的中国，由于种种历史原因，各方面发展严重落后于发达国家。1978 年，中国的改革开始，这是从“实践是检验真理的唯一标准”讨论开始的。从 1979 年起，中国进入了双重转型阶段，这是前人没有做过的事情，因此，中国改革的难度非常大，绝非是一代人的事业。

1980 年年初，中国有了农民合办企业。乡镇企业出来以后，计划市场不再是唯一的市场了，一个竞争性的市场产生了，中国经济开始变化了。然而光有承包制不够，光有乡镇企业不够，必须要有乡镇企业市场。这就在计划市场之外多了一个东西，中国改革走上了一条新路。

1986 年下半年，中央想试试看股份制行不行，搞一些企业做试点，决定从四川开始。整个西南以四川为界，国有企业多，股份制必须从国有企业多的地方开始。其间，我去四川的几个企业视察，但是回来以后形势发生了变化，于是股份制试点只好暂停。接着又回到了“放价格”论，可这一想法不能试点，因此，价格放开的消息一出来，全国物价开始上涨。大家一听说要涨价了，开始全民抢购，导致整个经济都乱了。在此情况下，中国走放价格的路行不通了。

到了1990年、1991年，邓小平再次讲话，中国的改革才又回到这条道路上来。所以，中国的改革并非易事，要经过试验，甚至挨批、撤职。最后邓小平再度南方谈话以后，中国的经济情况有了变化。

邓小平二次南方谈话以后，股份制被推上了改革日程。这时碰到了一个问题，有些人，特别是年纪比较大的老干部说：“大企业一改我们的国有企业是不是都变成私有化的企业了？”在此情况下，经济学界提了两句话：第一句话，增量先行；第二句话，存量暂缓。

什么叫增量先行？增量是指企业准备拿多少出来上市、出卖，而存量暂时不动。这样一来，股份制的主张开始有了根据，增量先行，存量不动，不影响大局。

股份制终于实行了，但是实行以后又有了矛盾：增量先行，100亿元的资产中拿20亿元出来上市，80亿元存量不动，存量依然占大头。增量先行以后董事会建立了，可是没人来参加董事会，20亿元市场卖5亿元、10亿元，这样没法掌握董事会的决策权。很多企业虽然做了股份制改革，但是董事会里没有名额，只有分散的小股东，所以增量先行变成了一句空话。必须动存量，这才是中国的股份制改革真正的开始。

在此之后，中国的股份制进入了“二次革命”阶段，给原来购买股份制增量的人一定好处，然后“解放”那些原来不让上市的股东。将这一难题解决，就已经到了《证券法》公布以后了。40年来，中国经济发展的过程大体就是这么一个情况。梳理这段经历是想告诉大家，中国的改革不是那么容易的，我们既要看到改革的艰难，也要看到改革在不断进步，不要悲观。

到如今，很多人会问我这样一个问题：“当前你最担心的问题是什么？”我的回答是担心改革太慢。为什么呢？因为现在最要紧的问题，是转变发展方式，要把过去那种数量型、速度型的发展方式转变为质量型、效率型。然而，发展方式的变化不是一蹴而就的。

中国一定要走改革的路，但是这条路并不是一条笔直的大道。若仅仅靠以前的就业政策、发展方式，很多新的问题都没法得到解决。我们怕中国经济停滞，那么就应该对中国的发展有新的认识。

转变成质量型、效率型发展方式的过程，一定不要去追求高速度，继续追求高速度只会自己给自己设置前进路上的绊脚石。中高速增长在当前是适合中国国情的，高速的发展方式不改变的话，将来产品依然会积压，依然会走旧路子，依然会不停攀比经济增长率，这对中国经济是有害的。我们要冷静下来，根据情况走创新的路，这样我们就可以步子更稳，真正实现发展方式的转变。中国改革一直没有停止，经过这样那样的困难，回头一看，我们又上了一层台阶。

著 名 经 济 学 家
北京大学光华管理学院名誉院长 厉以宁

CONTENTS | 目　录

中共十一届三中全会吹响了中国改革开放的号角（1978.12）

1978年，是中国历史上非常重要的年份。1978年12月，中国共产党召开了一个影响深远的重要会议——十一届三中全会，吹响了中国改革开放的号角。

一、重要文件

1978年12月8日，国务院发布修订版《中华人民共和国发明奖励条例》。

1978年12月19日，国务院批转财政部《关于国营企业试行企业基金的规定》。

1978年12月24日，《人民日报》发布《中国共产党第十一届中央委员会第三次全体会议公报》。全会重新确立了马克思主义实事求是的思想路线，决定把全党工作的重点转移到社会主义现代化建设上来，并提出了改革开放的任务。

1978年12月26日，国务院批转国家科委和外交部《关于加强引进人才工作的请示报告》。

二、重大事件

1978年12月7日，中国成立了一批财贸经济研究机构和财贸科学技术研究机构。

1978 年 12 月 15 日，中美两国发表《中华人民共和国和美利坚合众国关于建立外交关系的联合公报》(《中美建交公报》)。

1978 年 12 月 18—22 日，中共十一届三中全会在北京召开。

1978 年 12 月 23 日，宝山钢铁总厂举行动工典礼。

1978 年 12 月 26 日，第一批 50 名赴美留学的访问学者在夜幕中乘坐飞机离开中国。

三、重要论述

《人民日报》(1978 年 12 月 4 日)发表社论《对外贸易要有个大发展》。社论认为，“为了加快社会主义四个现代化的步伐，我国的对外贸易必须有一个大发展。提出要引进国外先进技术和成套设备，放手开展对外经济和技术的交流活动”。“我们要力争尽快实现四个现代化，毫无疑问，立足点应当放在自力更生的基础上。但是，自力更生不等于闭关自守”。

1978 年 12 月 13 日，邓小平在中共中央工作会议闭幕会上发表题为《解放思想，实事求是，团结一致向前看》的讲话。这次中央工作会议为随即召开的中共十一届三中全会做了充分准备。

《人民日报》(1978 年 12 月 22 日)发表了特约评论《伟大转变和重新学习》，文章指出，四个现代化是一场根本改变我国经济和技术落后面貌的伟大革命，我们要打倒保守主义和本本主义这两个学习的敌人。

四、重点数据

据国家统计局统计，1978 年，国内生产总值为 3678. 7 亿元，比 1977 年增长 13. 2%；人均国内生产总值为 385 元，比 1977 年增长 11. 9%；全国基本建设交付使用的固定资产达 356 亿元，比 1977 年增长 37%；进出口贸易总额为 355 亿元，比 1977 年增长 30. 3%；工业增加值为 872. 5 亿元，比 1977 年增长 44. 1%；钢产量为 3178 万吨，比 1977 年增长 33. 9%；粮食产量为 30476 万吨，比 1977 年增长 7. 8%；全民所有制职工平均工资 644 元，比 1977 年增加 42 元。截至 1978 年年底，我国总人口为 96259 万人，其中，城镇人口 17245 万人(18%)，乡村人口 79014 万人(82%)。

五、作者观点

在人类历史长河中，关键处不多，但 1978 年 12 月绝对是中华民族历史中的关键处，因为当时召开的十一届三中全会开创了中国特色社会主义的新时代。全会的主题是“把全党的工作重点转移到经济建设上来”，明确指出，党在新时期的历史任务是把中国建设成为社会主义现代化强国，中华民族自此走上了全面复兴之路。

任何重大的进步都是有迹可循的。从对重要文件和重大事件的描述中不难看出，正是这些政策决定逐步汇成了后来的改革开放洪流。

参考文献

[1]中国共产党历次全国代表大会数据库[EB/OL]. 中国共产党新闻网，http://cpc. people. com. cn/GB/64162/64168/index. html.

[2]人民日报图文数据库(1946—2018)。

[3]1978 年国民经济和社会发展统计公报，国家统计局网站。

[4]吴敬琏. 当代中国经济改革[M]. 上海：上海远东出版社，2003：62 -64.

[5]王振川. 中国改革开放新时期年鉴(1978 年)[M]. 北京：中国民主法制出版社，2015：820 -894.

[6]何东君. 中华人民共和国改革开放 30 年年鉴(1978—2008)[M]. 北京：新华出版社，2009：92.

[7]中国记录(大全)年鉴汇编委员会. 中国纪录大全年鉴(第一卷)[M]. 北京：中国审计出版社，2000：205.

[8]张连成. 中国经济增长路径与经济周期研究[M]. 北京：中国经济出版社，2012：3 -4.

[9]徐平华. 政府与市场：看得见的手与看不见的手[M]. 北京：新华出版社，2014：85，99.

中美建交
（1979. 01）

1979 年，是中国开始正式走上改革开放道路、开启社会主义现代化经济建设的第一年。1979 年 1 月，最重大的事件莫过于中美建交，两国关系开始走向正常化。

一、重要文件

1979 年 1 月 9 日，国务院批准教育部《关于恢复和增设 169 所普通高等学校的决定》，决定在普通高校招收走读生，增加高校招收名额，进一步发展高等教育。

1979 年 1 月 11 日，中共中央将经过十一届三中全会原则通过的《关于加快农业发展若干问题的决议（草案）》和《农村人民公社工作条例（试行草案）》印发至各省市自治区讨论试行。两个文件制定了包括建立生产责任制在内的发展农业的 25 条政策措施，强调要关心农民的物质利益，不允许无偿调度和占有生产队的劳动力、资金、产品和物资。

二、重大事件

1979 年 1 月 5 日，国家地质总局召开地质局长会议。会议决定，按照专业化分工原则改革地质工作管理体制和管理方法。

1979 年 1 月 5 日，我国最大水电站葛洲坝工程加快施工进度。

1979 年 1 月 7 日，青藏铁路第一期工程进入施工高潮。

1979年1月29日，邓小平对美国进行访问。这是中华人民共和国成立之后，中国领导人第一次访问美国。

三、重要论述

《人民日报》（1979年1月12日）发表了社论《经济战线要跟上形势的转变》，提出要进一步解放思想，对管理体制、组织机构、干部配备进行改革。

1979年1月17日，邓小平在接见工商界领导人时发表了《搞建设要利用外资和发挥原工商业者的作用》的讲话。讲话中提出，现在搞建设，门路要多一点，可以使用外国的资金和技术，华侨、华裔也可以回来办工厂。吸收外资可以采取补偿贸易的方法，也可以搞合营，先选择资金周转快的行业做起。但是，使用外资一定要考虑偿还能力。要发挥原工商业者的作用，利用好有真才实学的人，能干的人可以让其当干部。

《人民日报》（1979年1月27日）发表了社论《必须高度重视计划生育工作》。社论认为，人口发展的快慢，直接关系到积累和消费的关系。降低人口自然增长率，可以加快经济建设的步伐。争取到1980年，使我国人口自然增长率降到1%以下。

《经济问题》（1979年第1期）刊发了中国社会科学院副院长马洪的《中国式的社会主义现代化和经济结构的调整》。文章提出，要形成以农业为基础、以工业为主导的，按照农、轻、重次序安排的，以自力更生为主、尽量争取外资和国际先进技术的，扩大内外交流的经济结构和相应的产业政策，以适应我国实现四个现代化的需要。

四、重要数据

1979年1月2日，据《人民日报》报道，截至1978年9月底，我国已同世界160多个国家和地区建立了贸易关系，包括与70多个国家和欧洲经济共同体签订了政府间的贸易协定或议定书。

五、作者观点

本月，以下三件大事可以说是可圈可点：

一是中美建交。中国的对外开放与改革基本同步推进,故称为改革开放。这是中国40多年来经济持续高速增长的重要奥秘,因为对外开放,不仅吸引了外资、先进技术和管理经验,而且扩大了市场,更重要的是开拓了视野,促进了国内改革。

二是推进建立农业生产责任制。中国的改革是率先从农村取得突破的,通过农村改革促进了后来的城市改革。这与中国的实际非常切合,相当于走了一条改革的"农村包围城市"道路,而且,农村改革是从产权改革切入的,这是农村改革的关键。

三是恢复和增设普通高等学校。1977年恢复高考制度之后,我国开启了大规模培养人才的新征程,为后来的改革开放和现代化建设奠定了坚实的人才基础。此次恢复和增设普通高等学校措施及时而重要,且影响深远,非常符合人本发展的要求。

参考文献

[1]人民日报图文数据库(1946—2018)。

[2]王振川. 中国改革开放新时期年鉴(1978年)[M]. 北京:中国民主法制出版社,2015:1-88.

[3]何东君. 中华人民共和国改革开放30年年鉴(1978—2008)[M]. 北京:新华出版社,2009:92-93.

[4]中国记录(大全)年鉴汇编委员会. 中国纪录大全年鉴(第一卷)[M]. 北京:中国审计出版社,2000:92.

[5]中华全国工商业联合会,中国民(私)营经济研究会. 中国私营经济年鉴[J]. 香港:香港经济导报社,2005:205.

[6]中共中央文献编辑委员会. 邓小平文选(第二卷)[M]. 北京:人民出版社,1994.

[7][美]罗伯特·劳伦斯·库恩著. 他改变了中国:江泽民传[M]. 谈峥,于海江等,译. 上海:上海译文出版社,2005:91.

[8]厉以宁. 中国经济双重转型之路[M]. 北京:中国人民大学出版社,2013:21.

［9］李佐军．中国改革新思维：改出一个“人本市场经济”［M］．北京：电子工业出版社，2013：7.

［10］尤孝才．地质工作管理机构变迁与职能转变［J］．中国地质矿产经济学会青年分会，2005（12）.

［11］马洪．中国式的社会主义现代化和经济结构的调整［J］．经济问题，1979（1）：2－20.

我国真正意义上的经济改革从蛇口工业区开始
(1979.02)

国务院于1979年1月31日批准成立蛇口工业区。国务院副总理谷牧随即在2月2日召集国务院有关部委负责人,落实交通部下属的香港招商局在深圳蛇口投资开发我国第一个对外开放的工业园区。我国真正意义上的经济改革就是从蛇口工业区开始的。

一、重要文件

1979年2月12日,中共四川省委制定《关于扩大企业权利,加快生产建设步伐的试点意见》,提出要使企业拥有利润提取权、扩大再生产权、联合经营权、外汇分成权、灵活使用奖金权。

1979年2月23日,国务院出台《中华人民共和国森林法(试行)》,设立林业部,主管全国林业建设事业。国营林业局、国营林场实行分级管理;国营林业局、国营林场,全部实行企业管理;建立育林基金制度。

1979年2月23日,国务院批转财政部、国家农垦总局《关于农垦企业实行财务包干的暂行规定》(以下简称《规定》)。《规定》指出,1979—1985年,国家对农垦企业总的原则是实行独立核算、自负盈亏、亏损不补,有利润自己发展生产,资金不足可以贷款的财务包干办法。

二、重大事件

1979年2月2日,国务院副总理谷牧召集国务院有关部委负责人,落实交通部下属的香港招商局在深圳蛇口投资开发我国第一个对外开放的工业园区(面积2.14平方公里)事项。

1979年2月12日,中共四川省委在总结宁江机床厂、重庆钢铁公司等六家企业扩大企业自主权试点经验的基础上,制定《关于扩大企业权利,加快生产建设步伐的试点意见》(简称"14条"),提出要使企业拥有利润提留权、扩大再生产权、联合经营权、外汇分成权、灵活使用奖金权。

1979年2月14日,中共中央发布《关于对越进行自卫反击、保卫边疆战斗的通知》(以下简称《通知》)。《通知》指出,我们进行自卫反击的目的是求得我国边疆地区的和平与安定,以利于四个现代化的顺利进行。

1979年2月23日,国务院发布通知,决定恢复曾于1965年撤销的中国农业银行。中国农业银行作为国务院的一个直属机构,由中国人民银行代管。主要任务是统一管理支农资金、集中办理农村信贷、领导农村信用合作社、发展农村金融事业。

1979年2月23日,深圳召开四级干部大会,传达十一届三中全会精神,并提出将深圳建设成为商品出口基地和新型城市的目标。

1979年2月24日,全国林业经济科学规划座谈会在黑龙江带岭举行。会议制定了全国林业经济科学研究规划,并成立全国林业经济科学研究会。会上讨论了改革林业管理体制、试办林业联合企业和扩大林业企业的自主权等事项。

1979年2月25日,上海、北京等城市设立劳动服务公司,安排按政策留城的待业青年和其他社会闲散劳动力就业。劳动服务公司由劳动部门领导,性质是大集体所有制企业,实行独立经营、自负盈亏。

1979年2月,水利电力部撤销,电力工业部成立,刘澜波任部长。

三、重要论述

1979年2月6日,中共安徽省委召开常委会,专门讨论包产到户问题。省委第一书记万里提出,十一届三中全会制定的政策,也毫无例外地需要接受实践检验,并主张在山南公社进行包产到户试验。

《人民日报》(1979年2月6日)发表了社论《加快农业机械化的正确方

针》。社论认为,我国工业基础薄弱,要把有限的资金和材料有组织地集中使用,搞好农机产品的标准化、系列化、通用化,保证以配套齐全、坚固耐用、物美价廉的现代化农业机器装备农业。要做好机械化的区域规划。

《人民日报》(1979 年 2 月 18 日)发表了社论《必须扩大企业的权力》。社论认为,这是我国经济战线为适应四个现代化所必须采取的一项重大决策,要给企业独立核算权,要普遍推行合同制度,要扩大企业财务管理方面的权力。

1979 年 2 月 26 日,全国政协副主席荣毅仁谈发展旅游事业。关于旅游业的体制问题,荣毅仁认为,旅游业应充分发挥中央和地方的积极性,成立几个区域性的旅游公司,地区之间可以有比较,以及进行竞赛。

四、重点数据

1979 年 2 月 23 日,《人民日报》报道,冶金战线钢铁生产于 1 月超额完成计划。钢、铁、钢材、铁矿石等八种有色金属产量超额完成国家计划。钢的月产量创历史最新纪录,产品的质量也有提高。1 月的重点钢铁企业节约焦炭 3. 8 万吨,钢铁料 3. 4 万吨,重油 1. 7 万吨。

五、作者观点

本月,主要有以下四件大事:

一是落实在深圳蛇口投资开发我国第一个对外开放的工业园区。蛇口工业区是以特殊方式开辟的“政策试验田”,被称为“特区中的特区”和中国改革开放的“试管”,为整个中国的改革提供了一个可供复制的改革样本。

二是对越自卫反击战打响。对越自卫反击的目的是求得我国边疆地区的和平与安定,我国的改革开放需要争取到一个良好的国际环境。

三是涉及多项农业和林业方面的改革措施。十一届三中全会后,我国的改革首先从农村开始,出台了多项相关方面的改革措施,如《中华人民共和国森林法(试行)》和《关于农垦企业实行财务包干的暂行规定》的出台、中国农业银行的恢复设立、《加快农业机械化的正确方针》社论的发表、中共安徽省委召开常委会专门讨论包产到户问题等。

四是扩大企业权力的改革。扩大企业权力的改革是改革开放事业的关键,也是经济管理体制的改革的要求,一方面是尊重企业独立性的要求,另一方面也是增强企业活力的重要举措。

参考文献

[1]人民日报图文数据库(1946—2018)。

[2]王振川．中国改革开放新时期年鉴(1979 年)[M]. 北京:中国民主法制出版社,2015:90 - 180.

[3]何东君．中华人民共和国改革开放 30 年年鉴(1978—2008)[M]. 北京:新华出版社,2009:92 - 93.

[4]中华全国工商业联合会,香港经济导报社,中国民(私)营经济研究会．中国私营经济年鉴[M]. 北京:中国审计出版社,2005:223.

[5]中共中央文献编辑委员会．邓小平文选(1978—1982 年)[M]. 北京:人民出版社,1983. 7:146.

[6][美]罗伯特·劳伦斯·库恩著．他改变了中国:江泽民传[M]. 谈峥,于海江等,译．上海:上海译文出版社,2005:91.

[7]余宗良．中国开发区模式的法治化研究[M]. 北京:中国政法大学出版社,2016.

[8]计思敏．深圳蛇口工业区改革实录:37 年后,袁庚在成立纪念日辞世[J]. 澎湃新闻,2016 - 01 - 31.

[9]何光耀,彭剑青,张肇俊,李军,仇波．李先念与中国改革开放[N]. 湖北日报,2009 - 06 - 26.

中国银行体制改革迎来历史重大转折
(1979.03)

对中国银行业来说,1979 年是不寻常的一年。1979 年 3 月,国务院批转中国人民银行《关于改革中国银行体制的请示报告》,中国银行从中国人民银行分设出来,银行业的政企分开迈出了重要一步,这是新中国银行发展史上的一次重大转折。

一、重要文件

1979 年 3 月 5 日,国务院批复了广东省革委会《关于设立深圳市和珠海市的决定》,同意将宝安县改为深圳市。

1979 年 3 月 6 日,广东省委批准了宝安县委《关于发展边防经济的若干规定》,这是深圳的第一个政策性文件。

1979 年 3 月 13 日,国务院批转中国人民银行《关于改革中国银行体制的请示报告》(以下简称《报告》)。《报告》提出如下建议:一是设立国家外汇管理总局授权管理国家外汇;二是将中国银行从中国人民银行分设出来,直属国务院领导,由中国人民银行代管。

二、重大事件

1979 年 3 月 1 日,国务院决定从本月起,将粮食、棉花、油料、生猪等 18 种主要农副产品的收购价格平均提高 24%。这是对冻结了 20 多年农副产品价格的首次重大调整。

1979年3月4日，全国工商行政管理局长会议在北京召开。会议指出，工商行政管理部门要管好工商之家和农商之间的购销合同、加工订货合同，协调产销关系，监督检查合同执行情况，调解仲裁纠纷。

1979年3月9日，四川省委就当前经济领域的理论问题召开座谈会。与会者在讨论中提出，计划经济和市场经济这两个概念不是绝对对立的，是可以结合的；在计划经济指导下，有一定范围的市场经济作补充，很有必要。

1979年3月9日，上海恢复商品广告业务。《解放日报》《文汇报》和上海人民广播电台相继恢复了中断十几年的商品广告。

1979年3月13日，联邦德国大众汽车代表团先后参观上海汽车制造厂等16个单位。中德双方就有关轿车合作生产问题举行了会谈。

1979年3月27日，中共中央决定在国务院下设财政经济委员会。财政经济委员会是研究制定财经方针政策和决定财经工作中的大事的决策机构。

1979年3月，国务院批准成立国家计算机工业总局。

1979年3月，中国企业管理协会成立。

1979年3月，皮尔·卡丹来到中国，他是第一位来到中国的国际级服装大师。

三、重要论述

1979年3月8日，陈云在其《计划与市场问题》讲话中指出，整个社会主义时期的经济必须有两个部分。一是计划经济部分，这部分是基本的、主要的；二是市场调节部分，这部分是从属的、次要的，但又是必需的。

《人民日报》(1979年3月11日)发表社论《扫除官商作风，学会做生意》。社论认为，要倡导浓厚的学习经济、按照经济规律办事的风气，要对经济体制和干部制度进行改革。此外，还要扩大企业的自主权。

1979年3月29日，邓小平在与港督麦理浩谈到内地偷渡香港的情况时指出，现在应该采取两个途径解决：一方面采取一些措施，减少一些人进入香港，减轻香港的压力；另一方面，香港要鼓励私人资金来广东进行投资，提供更多的就业机会。从长远来看，随着我们经济的发展，这个问题能够逐步得到解决。

《人民日报》(1979年3月29日)发表社论《把纺织工业提高到一个新水平》。社论认为,各地纺织工业的发展,都要从本地资源、市场、能源等因素出发,力求做到经济合理,不能离开经济效果,片面地强调地区的自给自足。要摒弃单纯用行政手段管理经济的做法,改用经济办法管理经济。

四、重点数据

1979年3月29日,据统计,纺织品在我国当时城乡市场商品零售总额中占1/5;纺织系统提供的利润和税收,在国家财政收入中占1/10;纺织品出口换汇在全国出口换汇总额中占1/5以上。

五、作者观点

金融是经济的血液,金融体制的好坏极大地影响着经济发展。改革开放前的金融基本是银行独大,而银行属于政企不分,基本由中国人民银行统管,这显然不能适应社会主义市场经济发展的需要。1979年3月,国务院决定中国银行从中国人民银行分设出来,这是银行业改革的突破性进展。

2017年年底,深圳市地区生产总值超过了广州市和香港特别行政区,逐渐成为粤港澳大湾区的中心城市。40多年前,深圳不过是几个小渔村,仅用40多年就有如此重大的变化,这在人类发展历史上并不多见。追根溯源,不难发现,国务院于1979年3月同意将宝安县改为深圳市,无疑具有标志性意义。

改革的对象是计划经济体制,计划经济与市场经济的关系是中国改革首先必须面对的问题。后来的改革实践,可以说一直是围绕此展开的。所以,四川省委召开的座谈会提出,计划经济和市场经济这两个概念不是绝对对立的,是可以结合的;在计划经济指导下,有一定范围的市场经济作补充,很有必要。这些论述具有前瞻性。

参考文献

[1]人民日报图文数据库(1946—2018)。

[2]王振川．中国改革开放新时期年鉴(1979年)[M]．北京:中国民主法制出版社,2015:90-180.

[3]何东君．中华人民共和国改革开放30年年鉴(1978—2008)[M]．北京:新华出版社,2009:92-93.

[4]中华全国工商业联合会,香港经济导报社,中国民(私)营经济研究会．中国私营经济年鉴[M]．北京:中国审计出版社,2005:223.

[5]中共中央文献编辑委员会．邓小平文选(1978—1982年)[M]．北京:人民出版社,1983.7:146.

[6]中国民营经济史·大事记[N]．中华工商时报,2009-11-23.

[7]李岚．一家百年老店的“红色航程”[N]．金融时报,2016-07-04.

[8]农业部．农业部、商业部、国家工商局关于发展农垦商业若干问题的规定(农垦字1991年第73号)。

[9]迟爱萍．对陈云《计划与市场问题》提纲的思考——兼谈改革开放之初党对经济体制改革问题的探索[J]．马克思主义研究,2015(2).

对国民经济实行“调整、改革、整顿、提高”的方针（1979.04）

1979年4月，中共中央召开了一次非常重要的工作会议，持续时间长达24天，足见议题之重要和统一认识难度之大，属于中国改革的重要经验之一，是正确处理好改革、发展、稳定的关系，保障改革在一个相对平稳的状态下推进。

一、重要文件

1979年4月9日，国务院批转轻工业部《关于轻工业工作着重点转移问题的报告》（以下简称《报告》）。《报告》向各地政府及财政部门指出，可以加快轻工业的发展速度，改善人民生活，繁荣城市，扩大对外贸易，为国家增加资金积累和外汇收入，从而加速整个国民经济的发展。

1979年4月30日，国务院发布《关于准许退职回城青年回原单位复工的通知》，并提出两项具体贯彻措施。

二、重大事件

1979年4月4日，中断30年的广九直通车恢复开行。港督麦理浩携夫人出席通车仪式，并乘坐首车返回香港。

1979年4月5日，中共中央在召开工作会议，李先念作为代表在会上作《关于国民经济调整问题》的讲话，详细地说明了当前国民经济各种重大比例严重失调的情况和调整的必要性。会议针对国民经济比例严重失调的情况，决定从1979年起，用三年的时间对国民经济实行“调整、改革、整顿、提高”。会议确定了调整比例关系的12条原则和措施，并提出了改革现行经济管理体制的任务。

1979年4月14日，国家经委在北京召开座谈会，讨论企业管理体制改革问题。会议决定在八家企业进行扩大经营管理自主权的改革试点，允许它们在完成国家计划的前提下根据市场需要安排生产，并在人、财、物方面拥有相应的自主权。

1979年4月13—20日，国家经委召集首都钢铁公司等八家企业和有关部门负责人在北京召开座谈会，决定在这八家企业进行扩大经营管理自主权的改革试点。

三、重要论述

1979年4月4日，国家经委副主任袁宝华提出，要继续整顿企业，加强企业管理，大力提高企业管理水平。要抓好按专业化协作原则改组工业和企业性公司的组织试办工作。

《人民日报》(1979年4月26日)发表评论员文章《联合运输势在必行》。文章认为，要逐步推行经济合同。在合同中，要把经济责任划分清楚，违反合同的，必须承担经济责任。

《人民日报》(1979年4月28日)发表社论《充分发挥农村基层干部的积极性》。社论认为，要调动亿万农民的积极性，首先要充分调动广大农村基层干部的积极性。

《经济研究》(1979年第3期)刊发刘国光的《关于国民经济综合平衡的一些问题》。文章提出，要克服权力过于集中，把经济管理的自主权大胆下放。要搞好综合平衡和改革管理体制，两者是互为条件、相辅相成的。

《经济研究》(1979年第3期)刊发陆南如和问敏的《社会主义经济中价值规律的作用和企业独立性的关系问题》。文章内容是经济工作者和理论工作者在参加近期研讨会上发言的综述材料。文章提出，要尊重价值规律的作用，改善企业经营管理，首先必须解决企业权限的问题；要改革现行的计划管理办法，让商品经济自由发展。

四、重点数据

1979 年一季度全国城乡储蓄存款大幅度增加。据北京、上海、天津三大城市统计，4 月的前 20 天增加储蓄达 1.23 亿元。全国城镇储蓄存款的增加幅度比 1978 年同期更大，第一季度比 1978 年同期的增长额增加 164.9%，超过了历史最高水平。

五、作者观点

【正确处理改革、发展和稳定关系】 改革是对旧体制和旧制度的重大变革，是探索性极强的事业，改革不可能在实验室和真空中进行。改革既可能受发展状况的影响，也可能受经济社会秩序的影响，反过来说部分改革既可能带来短期的经济过热，也可能对部分经济指标带来冲击。因此，在改革开放的过程中，必须始终处理好改革、发展、稳定的关系。与苏东改革相比，这是中国改革的一条重要经验。

【推进人本改革】 改革的目的是为了满足人的需要，改革的主体是人，因此，改革要始终围绕尊重人、满足人、依靠人和激励人等进行。所以，调动广大农村基层干部的积极性和准许退职回城青年回原单位复工，都体现了人本改革的核心思想。

【扩大企业自主权】 企业活，则经济活；企业兴，则经济兴，企业是经济体制改革的中心环节。企业改革的核心是扩大企业自主权。1979 年 4 月，国家经委会议决定，在八家企业进行扩大经营管理自主权的改革试点，允许它们在完成国家计划的前提下根据市场需要安排生产，并在人、财、物方面拥有相应的自主权。这显然抓住了企业改革的核心。

参考文献

[1]人民日报图文数据库（1946—2018）。

[2]王振川．中国改革开放新时期年鉴（1979 年）[M]．北京：中国民主法制出版社，2015：262 - 330.

[3]中国共产党大事记·1979 年[EB/OL]. 中国共产党新闻网,http://cpc. people. com. cn/GB/64162/64164/4416113. html.

[4]何东君. 中华人民共和国改革开放 30 年年鉴(1978—2008)[M]. 北京:新华出版社,2009:93.

[5]中国民营经济史·大事记[N]. 中华工商时报,2009 -11 -23.

[6]李佐军. 中国改革新思维改出一个"人本市场经济"[M]. 北京:电子工业出版社,2013:128 -129.

[7]李佐军. 人本发展理论:解释经济社会发展的新思路[M]. 北京:中国发展出版社,2008:170.

[8]王云峰.1979 年 4 月 5 日中共实行国民经济调整八字方针[EB/OL]. 人民网,2011 -4 -6.

[9]刘国光. 关于国民经济综合平衡的一些问题[J]. 经济研究,1979(4):37 -45.

[10]陆南如,问敏. 社会主义经济中价值规律的作用和企业独立性的关系问题[J]. 经济研究,1979(4):66 -70.

先行先试是中国改革开放的重要经验
（1979.05）

1979年5月，三家企业作为全国扩大企业自主权试点单位，实行利改税制；首都钢铁公司等企业作为首批国家经济体制改革试点单位，实行利润留成；一些地区和部门实行改组工业试点。这些试点都是改革开放初期尝试的推进改革开放的重要经验。

一、重要文件

1979年5月14日，国务院下达国家计委《关于1979年国民经济计划的安排》。文件提出，今后三年的主要任务，就是要进行国民经济调整，把严重失调的比例关系基本改过来。同时，着手推进经济体制改革，继续进行现有企业整顿，并且以极大的努力，提高我们的经济管理水平和科学技术水平。

二、重大事件

1979年5月6日，沪航11号双体客轮被改装为上海第一条专业游览船，更名为浦江号，加盟浦江观光游，成为改革开放后上海黄浦河游览业务第一船。

1979年5月6日，党中央、国务院决定成立国家医药管理总局。把中西药品和医疗器械的生产、供应、使用统一管理起来，并相应地把医药器材的科研设计、设备制造、基本建设等统一管理起来。这是我国医药管理体制的一次重大改革。

1979年5月8日，国家经委确定，上海汽轮机厂、上海柴油机厂和彭浦机器厂为全国扩大企业自主权的试点单位，实行利改税制。

1979 年 5 月 25 日，首都钢铁公司等企业被国家经委等六部委确定为首批国家经济体制改革试点单位，实行利润留成。

1979 年 5 月 29 日，国家经委负责同志向新华社记者介绍一些地区和部门改组工业试点的情况：一是按专业化协作原则搞好工业改组；二是工业改组要从我国实际情况出发；三是领导干部要当促进派。

三、重要论述

《人民日报》(1979 年 5 月 1 日)发表社论《工人阶级要带头打好重点转移第一仗》。社论认为，尊重生产队的自主权，实行有利于发展生产力、巩固集体经济的多种形式的生产责任制，提高农产品的收购价格，落实农村基层干部政策。

《经济研究》(1979 年第 5 期)刊发孙尚清、陈吉元、张耳的《社会主义经济的计划性与市场性相结合的几个理论问题》。文章提出，把生产资料排除在商品之外是计划性与市场性结合的重大障碍。计划性和市场性的结合是经济改革的基本指导思想。

《人民日报》(1979 年 5 月 8 日)发表社论《既要积极又要慎重》。社论认为，要改革进出口管理体制。为此，要建立统一的领导机构，加强领导管理，分工负责，改进作风，建立岗位责任制，提高工作效率。要研究并逐步建立利用外资、开展补偿贸易、协作生产、合资企业，以及银行贷款的财务助理等方面的法规。

1979 年 5 月 19 日，国家计委提出，跨省区的和一个省区范围的电网由电力部统一管理，电力由国家统一分配供应。

《人民日报》(1979 年 5 月 31 日)发表评论员文章《必须搞好环境保护》。文章认为，各级环保部门必须切实负起监督检查的职责，逐步建立起合乎科学的环境管理体系。对于新建项目，一定要做好全面规划，合理布局。在建设前进行环境影响评价的科学调研，采取有效防治措施，并经环境保护部门同意后才能进行建设。

四、重点数据

1979 年 5 月 29 日，据统计，全国钢铁工业每产 1 吨钢的综合耗电量，1965 年为 665 度，1977 年为 1012 度；重点煤矿每产 1 吨煤的耗电量，1965 年为 21.4 度，1977 年为 31.9 度；化学工业每万元产值的耗电量，1965 年为 5378 度，1977 年为 8453 度。1978 年重点企业 30 项主要电力消耗指标，还有 20 项没有达到历史最好水平。

五、作者观点

【改革需要试点试验】 改革是探索性很强的事业，有难度、有风险、有成本，若贸然推进，很可能失败，甚至代价高昂，而中国古代和国际上在这方面的教训不少，故改革开放需要试点试验。庆幸的是，我国在改革开放一开始，就非常重视且践行试点试验。1979 年 5 月，无论是三家企业实行利改税制试点，还是首都钢铁公司等企业实行利润留成改革试点，以及推进改组工业试点，都是明证。

【改革从责任制开始】 改革是改体制或制度，制度是各主体之间的责权利关系安排。改革初期，最容易突破的改革是建立责任制，明确有关主体的责任，以减少浪费，提高效率。因此，当时的《人民日报》连发社论，强调要建立多种形式的生产责任制和岗位责任制等，这为后来的家庭联产承包责任制实践等提供了认识基础。

【撬开计划经济的铁板】 中国改革的主要对象是计划经济体制。计划经济体制是一个完整的体系，构成铁板一块。如何撬开这块铁板，是改革必须解决的难题。其中，认识问题是首要解决的问题。改革前夕和改革之初，孙冶方、顾准等人的认识开了先河。1979 年 5 月，孙尚清等人在《社会主义经济的计划性与市场性相结合的几个理论问题》一文中提出的“计划性和市场性的结合是经济改革的基本指导思想”，也提供了一种认识视角。

参考文献

[1]人民日报图文数据库(1946—2018)。

[2]王振川．中国改革开放新时期年鉴(1979 年)[M]．北京:中国民主法制出版社,2015:330 - 423.

[3]中国共产党大事记·1979 年[EB/OL]．中国共产党新闻网,http://cpc.people.com.cn/GB/64162/64164/4416113.html.

[4]孙尚清,陈吉元,张耳．社会主义经济的计划性与市场性相结合的几个理论问题[J]．经济研究,1979(5):57 - 68.

[5]刘学军．未来十年的改革发展战略[M]．北京:中国财政经济出版社,2017:5,196.

在深圳、珠海、汕头、厦门试办“出口特区”（1979.06）

1979 年 6 月，广东、福建省委正式提出试办深圳、珠海、汕头、厦门“出口特区”；中国银行在海外建立的第一个分行——卢森堡分行正式营业；在第五届全国人民代表大会第二次会议通过了七部重要法律；《中华人民共和国中外合资经营企业法（草案）》提交全国人大审议等。特别是深圳等四个城市试办“出口特区”又将中国的对外开放推进了一大步。

一、重要文件

1979 年 6 月 6、9 日，中共广东、福建省委分别向中央上报《关于发挥广东优势条件，扩大对外贸易、加快经济发展的报告》和《关于利用侨资、外资、发展对外贸易，加速福建社会主义建设的请示报告》，正式提出实行新体制和在深圳、珠海、汕头、厦门试办“出口特区”。

1979 年 6 月 13 日，全国总工会、商务部、供销合作总社联合批复《广东省关于在集体所有制合作商店建立工会组织的报告》，同意在集体所有制的合作商店建立工会组织，吸收合作商店职工包括原来的小商小贩入会。

二、重大事件

1979 年 6 月 1 日，经国务院批准宁波港重新对外开放。曾经作为“五口通商”口岸的宁波港，重新向世界敞开了胸怀，宁波对外开放由此起航。

1979 年 6 月 7 日，中国银行卢森堡分行正式开始营业。卢森堡分行是中华人民共和国成立以后中国银行在国外建立的第一个分行。

1979年6月16日，陈云主持召开国务院财政经济委员会全体会议，讨论宝钢建设问题。会上讨论的《关于宝钢建设工作安排的报告》涉及宝钢建设总投资额和建设进度等问题。

1979年6月19日，价值规律问题研讨会在无锡召开。会议讨论了几个我国经济管理体制改革的方向和运用价值规律的问题：一是扩大企业权限问题；二是社会主义经济计划和市场关系问题；三是社会主义计划价格的理论基础问题。

1979年6月26日，在健全法制中废除革命委员会并重建人民当家作主的地方政权体系。在党的十一届三中全会上，邓小平汲取“文化大革命”的教训，提出了民主要制度化、法律化的思想。在第五届全国人民代表大会第二次会议，制定并通过了七部重要法律。这是我国人民民主走向制度化、法律化的重要步骤。

1979年6月26日，《中华人民共和国中外合资经营企业法（草案）》提交全国人大审议。该法设立的目的是为了在平等互利的基础上，加强我国吸收外国投资，扩大国际经济合作和技术交流。

三、重要论述

《人民日报》（1979年6月15日）发表薛暮桥的《怎样进行国民经济的计划管理》。文章认为，要给集体经济以充分的自主权。依靠价值规律和价格政策保证完成各类产品的生产计划。要严格控制货币流通数量，保持社会购买力同商品供应量平衡。必须进行改革，保存和发展其起积极作用的方面，改变其起消极作用的方面，全盘肯定或者否定，都是不妥当的。

1979年6月15日，万里在安徽省凤阳县农村调查时，肯定了当地实行的“大包干”生产责任制。万里勉励相关人员：只要能增产，什么也不要怕，争取在最短时间内，把凤阳讨饭花鼓扔掉，扔得远远的，扔到太平洋里去。无论怎么说，讨饭不是社会主义的优越性。

1979年6月29日，邓小平会见首次来华访问的松下幸之助。邓小平提出，中国需要真正地引进一些先进技术来带动提高，需要更多地向日本请教，中国的现代化只跟在别人后面走是不行的。

四、重点数据

1979 年的国家预算总支出 1120 亿元。其中，基本建设拨款 390 亿元。企业挖潜改造资金 29 亿元，新产品试制费 27 亿元。增拨企业流动资金 43 亿元，增拨银行信贷资金 6 亿元。支援农村人民公社支出和各项农业事业费 70.5 亿元。文教、卫生、科学事业费 120.8 亿元。国防战备费 202.3 亿元。对外援助支出 10 亿元。国家预备费编列 16 亿元。

五、作者观点

【特区推动改革开放】 办特区是中国改革开放的重要经验之一，这一经验在后来影响了世界上很多国家。改革开放前，中国的计划经济体制与闭关锁国是相辅相成的。改革此局面并非易事，若全面推进，未必能达到目的，所以当初采取了特区政策，先从局部突破，再推进全面开放和全面改革。1979 年 6 月开始在深圳等城市试办“出口特区”就是重要的开端。

【通过中外合资吸引外资】 改革开放后，我们将工作重心转向经济建设。当时经济建设面临的主要约束是缺钱，如何解决资金短缺问题是个难题，于是当时想到了中外合资、中外合作等。事后证明，这无疑是一个正确的选择。长久以来，中国都是世界上主要的吸引外资国，这很大程度上要归功于 1979 年 6 月及后来推出的《中华人民共和国中外合资经营企业法（草案）》等法律和政策。

参考文献

［1］人民日报图文数据库（1946—2018）。

［2］王振川．中国改革开放新时期年鉴（1979 年）［M］．北京：中国民主法制出版社，2015：424 －524.

［3］中国共产党大事记·1979 年［EB/OL］．中国共产党新闻网，http://cpc.people.com.cn/GB/64162/64164/4416113.html.

［4］中共中央文献研究室．陈云传［M］．北京：中央文献出版社，2005：

1574 - 1577.

[5]吴晓波. 激荡三十年:中国企业1978—2008[M]. 北京:中信出版集团,2017:44 - 46.

[6]习近平在武汉召开部分省市负责人座谈会[EB/OL]. 新华网,http://www.xinhuanet.com/politics/2013 - 07/24/c_116670797.htm.

[7]专访:中国改革开放让全世界人民受益——访松下电器产业公司总裁大坪文雄[EB/OL]. 中国政府网,http://www.gov.cn/jrzg/2008 - 12/12/content_1176031.htm.

[8]李佐军. 中国改革新思维——改出一个"人本市场经济"[M]. 北京:电子工业出版社,2013:93 - 94.

[9]刘学军. 未来十年的改革发展战略[M]. 北京:中国财政经济出版社,2017:42.

[10]李君如. 中国共产党执政史概要[M]. 上海:上海人民出版社,2011:189 - 190.

推进“放权让利”改革
(1979.07)

1979年7月,改革开放继续在各个方面展开,其中,企业改革和财税改革尤为令人瞩目。这两项改革的特点是“放权让利”,如对社队企业免征三年所得税,扩大国营工业企业经营管理自主权,实行企业利润留成,对地方政府实行财政包干改革等。

一、重要文件

1979年7月4日,国务院将《关于发展社队企业若干问题的规定(草案)》下发试行。为鼓励社队企业的发展,草案提出今后新办的小工厂从开办起免税三年;对边境和少数民族地区的县(旗)、社、队企业,从1979年起免征所得税五年。

1979年7月13日,国务院将《关于扩大国营工业企业经营管理自主权的若干规定》《关于国营企业实行利润留成的规定》等五个文件下发至各省、市、自治区和有关部门,要求在少数国营企业组织试点,“放权让利”,以改革现行管理体制,调动企业和职工的积极性,搞活生产。

1979年7月13日,国务院发布《关于试行“收支挂钩、全额分成、比例包干、三年不变”财政管理办法的若干规定》,从1980年起在各省、市试行。同时,在四川省进行“划分收支、分级包干”办法的试点,总结经验。

1979年7月15日,中共中央、国务院批转广东省委和福建省委关于对外经济活动实行特殊政策和灵活措施的两个报告。决定对两省的对外经济活动实行特殊政策和灵活措施。财政体制实行“划分收支、定额上交(或补助)、五年不变”的包干办法。

二、重大事件

1979 年 7 月 1 日,五届人大二次会议闭幕。会议主要讨论和决定了国民经济的调整、改革、整顿、提高的方针,以及加强社会主义民主和社会主义法制的问题。

1979 年 7 月 8 日,深圳蛇口工业区基础工程正式破土动工。一个崭新的外向型工业区在中国对外开放的前沿阵地——深圳宣告诞生。

1979 年 7 月 8 日,国务院批准成立中国国际信托投资公司。其主要任务是接受各部门、各地方的委托,根据《中华人民共和国中外合资经营企业法》和有关法令,主要引进外国资本和先进技术、设备,共同举办合资企业。

1979 年 7 月 13 日,国务院发布《关于按照五个改革管理体制文件组织试点的通知》。这些文件把经济利益、经济效果、经济责任结合起来,把国家、企业和个人三者的利益结合起来,扩大了企业的自主权,特别是财权。

1979 年 7 月 31 日,国务院发布《关于〈中华人民共和国标准化管理条例〉的通知》。通知说,标准化是组织现代化生产的重要手段,是科学管理的重要组成部分。搞好标准化,对于高速度发展国民经济,提高工农业产品和工程建设的质量,提高劳动生产率,充分利用国家资源,都具有重要作用。

三、重要论述

1979 年 7 月 2 日,全国人大法制委员会副主任沙千里谈恢复和健全律师制度。他认为,用经济手段和法律手段来调整、解决国家、企业、工厂、集体、个人之间发生的经济纠纷,将日益增多。

《人民日报》(1979 年 7 月 20 日)发表评论员文章《立志改革》。文章指出,人类社会在改革中不断前进,社会主义制度也要在改革中不断完善,改革是一场艰难的斗争。

四、重点数据

据国家统计局统计，1979 年 1—6 月累计进出口总额达 213 亿元，比 1978 年同期增长 43.2%。其中，出口完成 95 亿元，增长 26.8%，进口完成 118 亿元，增长 59.9%。

五、作者观点

【对企业放权让利】 改革主要是改制度，而制度是各主体责权利关系的安排。改革的对象主要是计划经济体制，而计划经济体制的主要特征是权利高度集中于政府，因而，对企业的积极性和创造性造成了影响。因此，1979 年 7 月的企业改革就从“放权让利”开始：一方面，扩大企业的经营自主权；另一方面，减轻企业的税收负担等。这种改革至今仍然适用。

【对地方政府放权让利】 从中央与地方政府关系来看，改革开放前的体制特点是中央政府高度集权，由此挫伤了地方政府发展经济的积极性和创造性。因此，1979 年 7 月的财税改革聚焦于对地方政府“放权让利”，特别是实行财政定额包干，地方政府完成规定的上缴任务后，剩下的属于地方政府。这种改革有利于调动地方政府的积极性。后来的实践也证明，各地的竞争成为中国快速发展的重要动力。

参考文献

[1]人民日报图文数据库(1946—2018)。

[2]王振川. 中国改革开放新时期年鉴(1979)[M]. 北京：中国民主法制出版社，2015.

[3]中国共产党大事记[EB/OL]. 中国共产党新闻网，http://cpc.people.com.cn/GB/64162/64164/4416113.html.

[4]萧冬连. 一九七九年至一九八一年的经济调整研究[EB/OL]. 中国共产党新闻网，http://dangshi.people.com.cn/n/2015/1029/c85037-27755019.html.

[5]中国民营经济史·大事记[EB/OL].新浪财经网,http://finance.sina.com.cn/roll/20091123/00053120860.shtml.

[6]傅高义.邓小平时代[M].北京:生活·读书·新知三联书店,2013.

[7]乔晓阳.处理好立法与改革的关系[J].中国人大,2014(20):19-20.

组建“两委”推动对外开放战略
（1979.08）

1979年8月，我国推出了几个重要的改革措施，如组建国家进出口管理委员会和国家外国投资管理委员会（以下简称“两委”）、出台《关于大力发展对外贸易增加外汇收入若干问题的规定》、对基建投资实行“拨改贷”等。其中，组建“两委”，对统筹对外开放资源、推进对外开放战略具有重要意义。

一、重要文件

1979年8月11日，“两委”在北京召开了“京、津、沪三市对外开放座谈会”，着重研究制定三市加快发展对外贸易的政策措施。会议期间，国务院发布《关于大力发展对外贸易增加外汇收入若干问题的规定》，强调扩大地方和企业外贸权限，鼓励增加出口，办好出口特区。

1979年8月17日，财政部、国家经委、人民银行联合发布《关于贯彻国务院改革企业管理体制文件试点中的几个具体问题的意见》。《意见》对发挥企业的主动性、促进企业关心生产、努力增加盈利起了积极的作用。

1979年8月28日，国务院批转国家计委、国家建委、财政部联合发布的《关于基本建设投资试行贷款办法的报告》及《基本建设贷款试行条例》，决定将建设银行调整为国务院直属单位。我国长期实行基本建设投资由国家预算无偿拨款，缺乏经济效益，为加强建设单位的经济责任制，提高投资收益，决定实施“拨改贷”。

二、重大事件

1979年8月5日，国务院副总理李先念听取全国商业局长座谈会汇报。全国商业局长座谈会认为，应让合作商店在经营上有更大的灵活性，座谈会还讨论了二级站调整等问题。

《安徽日报》(1979年8月8日)头版头条发表了《凤阳县在农村实行"大包干"》，向全省介绍了这一做法。一时间，新闻界、文艺界和理论界的记者、专家学者云集凤阳参观访问。

1979年8月23日，中共中央、国务院正式组建国家进出口管理委员会和国家外国投资管理委员会。"两委"一个机构、两块牌子，属于综合协调机构，主要功能是统筹协调地区和相关部门在对外开放方面的资源配置，推动地区之间和相关部门之间的合作，形成及时、高效处理对外开放事务的整体合力。

1979年8月28日，华东六省一市经济协作会在上海举行。各地共签订了协议或合同118份。

三、重要论述

1979年8月2日，著名经济学家孙冶方的著作《社会主义经济的若干理论问题》(论文集)出版。书中提到，早在20世纪50年代末60年代初，孙冶方就指出了我国国民经济体制存在的弊端，力主推进国民经济体制改革。

1979年8月8日，中国代表团团长李超伯在斯德哥尔摩举行的世界资源环境人口和发展之间相互关系讨论会上发表讲话。他认为，要正确处理好资源、环境、人口和发展之间的关系。

《经济研究》(1979年第8期)刊发易宏仁的《关于流动资金管理体制的问题》。文章指出，实行"全额信贷"是流动资金管理体制上的一项变革，有利于发挥银行的作用，但流动资金管理体制受整个国民经济管理体制制约，而实行"全额信贷"必须与整个经济管理体制改革相结合，才能充分发挥应有的作用。

《人民日报》(1979年8月31日)发表了周叔莲和吴敬琏的《把发展轻工业放在优先地位》。文章提出，应把生产人们生活必需品放在首位，批判了“把优先发展重工业等同于社会主义工业化道路”的传统观点，并提出要把发展轻工业放在优先地位。这为我国工业结构调整提供了理论依据。

四、重点数据

据粮食部统计，截至1979年8月，15个冬麦主产省、市已入库夏粮1205万吨，超过计划32.7%，是新中国成立以来夏粮入库最多的一年。截至1979年8月，油菜籽收购量达9.91亿公斤，创历史最高纪录。

五、作者观点

【对外开放需要体制保障】 由闭关锁国走向对外开放并非易事，需要对原有的相应管理机构进行调整，需要组建适应改革开放新形势的新机构。国家进出口管理委员会和国家外国投资管理委员会就是这种形势的产物。

【为何要实行“拨改贷”】 对基本建设投资实行“拨改贷”也是一项重要改革。在计划经济时期，基本建设投资根据计划采取无偿划拨的方式，缺乏经济责任，必然带来低效率和浪费。而改为贷款后，因增加了偿还本息的责任，必须促进效率的提高和资源的优化配置。

【大包干启发了改革】 安徽省凤阳县的大包干探索，不仅推动了当时的农村改革，为实施家庭联产承包责任制奠定了基础，而且为后来的国企改革和财税改革提供了启发。大包干虽然离后来的产权改革和现代企业制度建设还有距离，但在当时的制度环境下，厘清了相关主体的责任，调动了农民的积极性。

参考文献

[1]人民日报图文数据库(1946—2018)。

[2]王振川．中国改革开放新时期年鉴(1979)[M]．北京：中国民主法制出版社，2015.

[3]易宏仁．关于流动资金管理体制的问题[J]．经济研究，1979(8)：41－45.

[4]吴伟锋．国家进出口管理委员会的成立及其历史作用探析[J]．中共党史研究，2017(10)：118－125.

始终围绕扩大自主权推进改革
（1979.09）

1979年9月，中央围绕扩大农民和企业自主权推进了几项改革，如党的十一届四中全会通过的《中共中央关于加快农业发展若干问题的决定》，《决定》强调要保障农民经营自主权；上海、云南等地相继开展扩大企业自主权试点等。

一、重要文件

1979年9月9日，国务院颁发《关于发展社队企业若干问题的规定》（试行草案）。《规定》对社队企业的内部制度和若干政策，诸如所有制、价格政策和奖售补贴、税收政策等，作出了原则规定。

1979年9月13日，中国第一部《环境保护法》颁布。环境保护开始成为我国的一项基本国策。

1979年9月28日，党的十一届四中全会通过了《中共中央关于加快农业发展若干问题的决定》。《决定》允许农民在国家统一计划指导下，因时因地制宜发展农业生产，国家保障农民的经营自主权，发挥其生产积极性。

二、重大事件

1979年9月3日，国务院财经委员会组织大规模经济问题调查研究。本项工作在国务院财经委员会直接领导下分为四个小组：经济体制改革研究小组、经济结构研究小组、技术引进研究小组、经济理论与方法问题研究小组。此外,工、交、财、贸、农、林、水利等部委也相应成立了调查研究组。

1979 年 9 月 19 日,上海一批企业开始扩大企业经营管理自主权试点。经国家经委、财政部和上海市革命委员会批准,上海 106 个企业和 6 个企业化公司(下属 180 个工厂),正式开始扩大企业经营管理自主权试点工作。

1979 年 9 月,云南省革命委员会批转了省经济委员会和省财政厅《关于扩大企业自主权试点工作的报告》,选择贵阳钢厂等 36 家企业为试点单位。

1979 年 9 月 24 日,中共中央、国务院批转《全国物价工资会议纪要》。鉴于部分农副产品收购价格提高后出现购销倒挂、经营部门赔钱等问题,中共中央、国务院决定从 11 月 1 日起,对部分农副产品提高销售价格,同时对职工实行物价补贴,并给 40% 的职工增加工资。

1979 年 9 月 30 日,中央电视台播出了第一条有偿电视广告——美国威斯汀豪斯电器广告,标志着电视广告经营的开始。

三、重要论述

1979 年 9 月 5 日,新华社发布的新闻《厂长应当是通晓经济的企业家——扩大企业自主权给厂长带来了新课题》指出,作为厂长就应该学会做生意,学会运用价值规律搞企业管理,学会正确运用物质利益这个经济动力,来推动企业发展。

1979 年 9 月 6 日,国务院副总理谷牧在东京记者招待会上说:"中国建设所需要资金主要依靠自力更生,但也将引进外资。只要不妨碍我国主权,条件适当,我们将接受所有友好国家的贷款,也准备参加联合国金融组织,接受世界银行等机构的贷款。"

1979 年 9 月 14 日,在上海市革命委员会召开的扩大企业自主权试点工作大会上,陈锦华说:"扩大企业自主权是整个经济体制改革的核心问题之一。他要求试点企业进一步解放思想,充分利用经济杠杆,促进企业自身发展。财政、银行、税收、物价、劳动等部门应该积极支持扩大企业自主权的试点工作。"

1979 年 9 月 21 日,《人民日报》摘要转载《财贸战线报》房维中的《现行经济管理体制改革的一些设想》。文章中指出,给企业以更多的自主权,按经济规律组织经济。打破部门和行政区划的界限，把行政管理系统和经济管理系统分开，以企业为基础，按照社会化大生产的要求，怎样组织合理就怎样组织。

四、重点数据

根据《人民日报》1979 年 9 月 2 日报道，全国夏粮比 1978 年增产了 550 多万吨；根据《人民日报》1979 年 9 月 3 日报道，全国夏粮入库比 1978 年增加了 300 万吨。根据新华社 1979 年 9 月 25 日报道，我国耕地灌溉面积达到了 7 亿亩，比 1949 年的 2.4 亿亩增长近三倍。

五、作者观点

【扩大自主权是改革的重要切入点】 权利配置始终是改革的关键，只有扩大和保障农民和企业的权利，特别是经营管理自主权，才能调动其积极性和创造性，故扩大农民和企业的自主权是整个经济体制改革的核心。改革试点试验可以降低改革的难度、风险和成本。1979 年 9 月，《中共中央关于加快农业发展若干问题的决定》强调要保障农民经营自主权，上海和云南开展扩大企业自主权试点，就是这个方面的尝试。

【改革要在调查研究基础上进行】 没有调查就没有发言权。调查研究是认识问题、分析问题、解决问题的重要方法。改革是一项复杂的系统工程，要提出正确的改革措施，就必须进行全面深入的调查研究。1979 年 9 月，国务院财经委员会组织大规模经济问题调查研究，为当时的决策提供了重要参考。

【环境保护也是改革】 1979 年 9 月，中国第一部《环境保护法》颁布，意义重大。环境保护看似与改革开放无关，其实关系密切。计划经济体制重产出不重投入的节约，而市场经济体制则重效率重节约。因此，加强环境保护有利于节约资源、维护生态，与市场化改革的要求相吻合。

参考文献

[1]人民日报图文数据库（1946—2018）。

[2]王振川. 中国改革开放新时期年鉴(1979)[M]. 北京:中国民主法制出版社,2015.

[3]何东君. 中华人民共和国改革开放30年年鉴(1978—2008)[M]. 北京:新华出版社,2009.

[4]陆文. 云南省扩大企业自主权试点工作初见成效[J]. 经济问题探索,1980-01-31.

中国国际信托投资公司宣告成立
（1979.10）

1979 年 10 月的改革主要聚焦企业，例如，财政部发布《关于改进国营企业提取企业基金办法的通知》，成立中国国际信托投资公司，全国 1000 多个工业企业试行扩大企业自主权等。

一、重要文件

1979 年 10 月 6 日，《人民日报》正式发布《中共中央关于加快农业发展若干问题的决定》（党的十一届四中全会通过），提出 25 项发展农业生产力的政策和改革措施。

1979 年 10 月 17 日，财政部发布《关于改进国营企业提取企业基金办法的通知》。从 1978 年起，国家对国营企业试行了企业基金制度。根据一年来的试行情况，经党中央和国务院批准，决定对《国营企业试行企业基金的规定》做一些必要的改进，即将原来规定的八项主要经济考核指标，改为按产品、质量、利润和供货合同四项计划指标考核。

二、重大事件

1979 年 10 月 2 日，《市场报》出版。这是我国第一个专门报道经济新闻的报纸。

1979 年 10 月 4 日，中国第一家信托机构——中国国际信托投资公司宣告成立，标志着信托业在中国重新崛起，荣毅仁出任第一任董事长。叶剑英等在北京会见了中国国际信托投资公司全体董事。

1979年10月10日，四川省40个商业企业扩大自主权经济效果明显。据新华社1979年10月10日报道，1—7月40个试点商业企业销售额和上缴利润分别比同行业平均水平高出5%~60%。这些企业扩大自主权包括八个方面：择优进货权、灵活制定物价权、利润分成权、残次和滞销商品处理权、灵活使用奖金权、认识管理权、惩处权、择优招工权。

1979年10月26日，全国1000多个工业企业试行扩大企业自主权。据新华社1979年10月26日报道，到目前为止，全国已有1200多个工业企业开始试行扩大企业自主权和利润留成制度。这些试点企业获得的利润比上年增加10.5亿元，其中企业可以分到2.5亿元。

三、重要论述

1979年10月4—10日，邓小平在第一书记座谈会上指出，经济工作是当前最大的政治，经济问题是压倒一切的政治问题。所谓政治，就是四个现代化。在谈到中国现代化目标时，他提出了到20世纪末国民生产总值达到人均1000美元的设想。

《人民日报》(1979年10月10日)发表评论员文章《要勇于跨出体制改革的第一步》。文章指出，经济体制改革必须勇于跨出第一步。这第一步就是要允许在规定的“点”里大胆地“试”。既然要改革，就必然要突破一些传统的观念和习惯的做法，要经过深入调查研究，并经过试验，不断完善，逐步推行。

《人民日报》(1979年10月22日)摘要转载《财贸战线》于光远的《谈谈“社会主义经济目标理论”问题》。文章指出，我们的经济目标应该是，“在可能的范围内最大限度地增产人民需要的最终产品”，而不是其他别的东西。这样可以提高每个生产部门、经济部门的自觉性、减少盲目性。

《经济管理》(1979年第10期)刊发李英禄的《物资管理体制必须改革》。文章指出，必须充分发挥银行的作用。目前，迫切需要在基本建设和扩大再生产方面，用银行有偿的贷款方式代替无偿的财政拨款方式，以促进企业重视经济核算，讲求经济效果。

《社会科学辑刊》(1979年第5期)刊发宋养琰的《商品经济是当前体制改革的出发点》。文章指出,要逐步用商品交换制度代替物资统一调拨或直接分配制度;要逐步扩大企业的权力和利益;要逐步用弹性计划来代替中央集权式计划;要逐步对商业管理体制(包括价格管理体制)进行改革;要逐步按专业化协作原则把大部分工业企业组织到不同的公司中来,对企业实行科学经济管理。

四、重要数据

新华社1979年10月2日报道,现在拥有全民所有制和集体所有制的工业企业35万个,比1949年的12万个企业增长了近2倍。仅全民所有制企业的固定资产总值就有3200亿元,比1949年的全部工业固定资产增长了近25倍。

五、作者观点

【始终抓住企业改革这个"牛鼻子"】 企业改革是重点,也是难点。改革开放40年后的今天,企业改革仍任重道远。企业改革的重点是政府与企业之间、不同所有制企业之间的权利配置。政府需要保障企业的经营自主权等,不同所有制的企业之间要实现权利平等。

【改革是不断改进的过程】 许多改革是由问题倒逼产生的,在不断解决问题中深化。旧的问题解决了,新的问题又会产生,改革永远在路上。1979年10月,财政部发布的《关于改进国营企业提取企业基金办法的通知》,是对1978年发布的《国营企业试行企业基金的规定》的改进。40年来,我们已对绝大部分领域进行了改革,但很多改革远未完成,还需要不断地改进和深化。

【改革需要理论指导】 对计划经济体制进行改革是一项前无古人的事业,需要破除旧的观念,需要适用性很强的理论指导。理论既来自实践,也来自领导人的智慧,更来自学者们的探索。前文提到的三位有影响力的经济学家于光远、李英禄和宋养琰,在1979年10月分别对当时的改革提出了新的认识。

参考文献

[1]人民日报图文数据库(1946—2018)。

[2]王振川. 中国改革开放新时期年鉴(1979)[M]. 北京:中国民主法制出版社,2015.

[3]何东君. 中华人民共和国改革开放30年年鉴(1978—2008)[M]. 北京:新华出版社,2009.

[4]李英禄. 物资管理体制必须改革[J]. 经济管理,1979(10):24-27.

[5]宋养琰. 商品经济是当前体制改革的出发点[J]. 社会科学辑刊,1979(10).

邓小平首次提出社会主义也可以搞市场经济

（1979.11）

1979年11月，推出了几项重要改革措施，例如，银行体制改革、保险体制改革、外贸体制改革、财政体制改革等。邓小平在接见外宾时首次提出“社会主义也可以搞市场经济”，尤为引人注目。这是思想观念上的一个重大突破。

一、重要文件

1979年11月12日，中共中央批转中央统战部等六部门提出《关于把原工商业者中的劳动者区别出来问题的请示报告》。按照文件精神，70万名小商、小贩、小手工业者及其他劳动者，从原资产阶级工商业者中区别出来，恢复了劳动者身份。

1979年11月16日，国务院批转《基本建设贷款试行条例》。根据《条例》规定，基本建设贷款由中国人民建设银行负责办理。贷款单位必须在规定的期限内还本付息。中国人民建设银行对贷款使用情况进行监督检查。

二、重大事件

1979年11月6日，中外合营的新疆天山毛纺织品有限公司在乌鲁木齐正式签订投资合同。这是在《中华人民共和国中外合资经营企业法》公布后第一批被批准的中外合资企业之一。

1979年11月18日，国防工业办确定军工企业走军民结合发展道路。国防工业办在北京召开了国防工作会议。会议认为，军工企业要走军民结合发展道路,要积极发展民用产品。

1979 年 11 月 19 日,全国保险会议在北京举行。全国保险工作会议对 1980 年恢复国内保险业务进行了具体部署。经国务院批准,中国人民保险公司从 1980 年开始,逐步恢复停办了 20 年的国内保险业务。

1979 年 11 月 20 日,在国务院的直接领导下,国家进出口管理委员会和国家外国投资管理委员会在北京召开全国进出口工作会议。会议决定,进一步推进外贸体制改革,把给予京津沪的外贸自主权,扩大到沿海、沿长江的省市区,提出“千方百计扩大出口”的方针。

1979 年 11 月 20 日,国务院在北京召开全国计划会议。会议讨论了财政体制改革,确定全国财政体制,除北京、天津、上海三市外,广东、福建实行特殊照顾办法,江苏按原定办法实行,广西、云南、内蒙古、新疆、宁夏、青海、西藏、贵州八个省市自治区实行民族自治地方体制,其余 15 个省市实行“划分收支,分级包干”办法。

1979 年 11 月 26 日,经国务院批准,中国人民建设银行改为国务院直属单位,以财政部为主,由国家建委、财政部代管。各级建设银行由事业单位改为企业单位。

三、重要论述

1979 年 11 月 26 日,邓小平在会见外宾时指出:“说市场经济只存在于资本主义社会,只有资本主义的市场经济,这肯定是不正确的。社会主义为什么不可以搞市场经济,这个不能说是资本主义。我们是计划经济为主,也结合市场经济,但这是社会主义的市场经济。”

《经济管理》(1979 年第 11 期)刊发董辅礽的《怎样进行经济体制改革?——记与牛津大学布鲁斯教授的一次谈话》。文章指出,高度集中计划的经济体制和完全的市场调节的经济体制都是容易实行的。最难实行的是把计划调节同市场调节结合起来的经济体制。

《经济研究》(1979 年第 11 期)刊发于光远《谈谈“社会主义经济目标理论”问题》。文章指出社会主义的经济目标只应该是“在可能的范围内最大限度地增产人民需要的最终产品”。因此,“在计划和安排整个社会生产的时候应该从增产最终产品出发”,并且“要以最终产品增产的状况作为衡量整个经济工作成绩的尺度”

四、重要数据

根据《人民日报》11 月 30 日报道，截至 1979 年 11 月底，全国已接待外国旅游者和华侨、外籍华人、港澳同胞、台湾同胞 84.4 万多人，比 1978 年增加 41%。旅游外汇总收入比 1978 年同期增长 68%。

五、作者观点

【观念引导改革】 先有观念，后有行动；先有文艺复兴，后有工业革命；先有实践是检验真理唯一标准的大讨论，后有伟大的改革开放。1979 年 11 月，邓小平同志在接见外宾时首次提出“社会主义也可以搞市场经济，是思想观念的重大突破，指导了后来的市场化改革”。

【分类推进改革】 中国国土辽阔，地区差异很大，改革必须因地制宜、分类推进，一刀切式的改革副作用很大。1979 年 11 月，全国计划会议讨论的财政体制改革，就采取了不同地区分类推进的办法。这一改革经验至今仍然适用。

参考文献

[1]人民日报图文数据库(1946—2018)。

[2]王振川. 中国改革开放新时期年鉴(1979)[M]. 北京:中国民主法制出版社,2015.

[3]何东君. 中华人民共和国改革开放 30 年年鉴(1978—2008)[M]. 北京:新华出版社,2009.

[4]董辅礽. 怎样进行经济体制改革?——记与牛津大学布鲁斯教授的一次谈话[J]. 经济管理,1979(11).

[5]于光远. 谈谈“社会主义经济目标理论”问题[J]. 经济研究,1979(11):4－9.

[6]苏琦. 改革者周小川[J]. 财经,2017(10).

[7]李佐军. 中国改革新思维:改出一个“人本市场经济”[M]. 北京:电子工业出版社,2013.

邓小平首次提出“小康”发展目标
（1979.12）

1979年12月，我国获得了第一笔外国政府长期低息贷款；国务院颁布《中华人民共和国自然科学奖励条例》和《工程技术干部技术职称暂行规定》；“中国第一商贩”年广久的“傻子瓜子”商标获准注册；邓小平在会见日本首相大平正芳时首次提出“小康”概念。其中，邓小平提出的“小康”发展目标意义重大。

一、重要文件

1979年12月7日，国务院颁发《中华人民共和国自然科学奖励条例》。《条例》旨在调动科学工作者的积极性和激发科学工作者的创造性，加速推进我国科学事业的发展，促进社会主义现代化建设。

1979年12月10日，国务院颁发《工程技术干部技术职称暂行规定》。《规定》旨在做好考核和晋级工作，充分发挥工程技术干部的积极性。这是我国科学干部管理制度的一项重大改革。

1979年12月15日，卫生部、农业部、财政部等五家联合发布《农村合作医疗章程（试行草案）》。《章程》指出，农村合作医疗是人民公社社员依靠集体力量，在自愿互助的基础上建立起来的一种社会主义性质的医疗制度，是社员群众的集体福利事业。

二、重大事件

1979年12月5日，中国和日本正式谈定了1979年度500亿日元（当时约折合2.3亿美元)的货款,年利3%,还款期30年。这是我国改革开放以后获得的第一笔外国政府长期低息贷款。

1979年12月,"中国第一商贩"年广久注册"傻子瓜子"商标。1972年,"傻子瓜子"创始人年广久在安徽芜湖开始从卖水果转向经营瓜子。1979年12月,获准注册"傻子瓜子"商标。"傻子瓜子"因邓小平多次在高层提及,并收入《邓小平文选》而闻名全国,年广久当时被号称"中国第一商贩"。

三、重要论述

1979年12月6日,邓小平在会见日本首相大平正芳时首次提出"小康"概念。他指出,我们要实现的四个现代化,是中国式的四个现代化,不是像你们那样的现代化概念,而是"小康之家",即到20世纪末,达到第三世界中比较富裕一点的国家的水平,实现国民生产总值人均1000美元。

《人民日报》(1979年12月12日)发表社论《积极试行基建投资贷款办法》。《办法》指出,这是基本建设管理体制上的一项重大改革,对于促进计划、财政、物资、价格、税收等各项管理制度的改革将起一定的作用。

《人民日报》(1979年12月21日)发表社论《搞四化必须重视培养人才》。文章指出,在大胆使用和选拔专门人才的同时,更为重要的是,要大力培养新的专门人才。

《人民日报》(1979年12月24日)发表社论《搞好年终分配取信于民》。文章指出,年终分配关系到农民群众的切身利益,是农民一年劳动成果的体现,一定要走群众路线,由社员大会或社员代表大会充分讨论分配方案,经过上级审批,张榜公布。

《人民日报》(1979年12月30日)发表社论《激励上进广出人才》。文章指出,建设四个现代化,赶超世界先进水平,急需一支宏大的科学技术队伍。

四、重要数据

根据国家统计局《新中国50年统计资料汇编》显示,1979年国内生产总值4038.2亿元,比1978年增长7.6%。其中,第一产业增长6.1%,第二产业增长8.2%,第三产业增长7.8%。国有单位固定资产投资总额699.36亿元,完成基本建设投资523.48亿元。全国财政收入1146.38亿元,比1978年增长1.2%;财政支出1281.79亿元,比1978年增长14.2%。全年社会商品零售总额1800亿元,商品零售价格指数比上年增长2.0%。全国进出口贸易总额454.6亿元,其中,出口211.7亿元,进口242.9亿元,收入超31.2亿元。城镇职工年平均工资为614元,农村居民家庭人均纯收入160.17元。总人口为97542万人,人口自然增长率为11.61‰。

1979年12月22日,根据新华社报道,1978—1979年,中国已向世界五大洲41个国家,派出留学人员2700多人,其中,教育部派出2100多人,中国科学院直接派出600多人。

1979年12月29日,根据新华社报道,截至1979年年底,世界五大洲77个国家的1300多名留学生在中国学习。

五、作者观点

【小康指明了阶段性改革发展目标】 改革只是手段,提高人民生活水平才是目的。目标引导行动。小康发展目标的提出,对于引领改革开放十分重要。"小康"一词最早出自《诗经·大雅·民劳》:"民亦劳止,汔可小康。"原意是指生活比较安定。1979年12月,邓小平首次提出"小康"发展目标,为中国改革发展指明了奋斗的方向。

【"傻子瓜子"是改革开放中的标志性事件】 改革开放前,个体户商贩属于资本主义性质,是经常被取消和打击的对象。改革开放初期,围绕是否发展个体户,也有着激烈的争论。邓小平同志本着解放思想、实事求是的精神,力挺年广久及其经营的"傻子瓜子",打破了思想禁锢,开启了民营企业发展的新时代。改革开放之所以取得了巨大的发展成就,与民营经济的贡献是分不开的。

【推进以激励为导向的改革】 改革始终是围绕人的改革,人的行为需要激励,激励需要制度手段。以激励导向的改革,可以激发全社会参与改革、推动发展的积极性和创造性。1979年12月颁布的《工程技术干部技术职称暂行规定》和《中华人民共和国自然科学奖励条例》都是重要的激励制度。当月,《人民日报》还分别发表了《搞四化必须重视培养人才》《激励上进广出人才》《搞好年终分配取信于民》三篇社论,这些都是为了唤起社会对人才激励的重视。

参考文献

[1]人民日报图文数据库(1946—2018)。

[2]王振川. 中国改革开放新时期年鉴(1979)[M]. 北京:中国民主法制出版社,2015.

[3]何东君. 中华人民共和国改革开放30年年鉴(1978—2008)[M]. 北京:新华出版社,2009.

[4]国家统计局国民经济综合统计司. 新中国50年统计资料汇编[M]. 北京:中国统计出版社,1999.

[5]1979年12月6号:邓小平谈"小康"[EB/OL]. 中国共产党新闻网,http://cpc. people. com. cn/GB/64162/64165/74856/74957/5122411. html.

[6]李佐军. 中国改革新思维:改出一个"人本市场经济"[M]. 北京:电子工业出版社,2013.

美国批准中美贸易协定，赋予中国最惠国待遇（1980.01）

20世纪80年代，中国的改革开放已进入“激情燃烧的岁月”，国家全面、深入地开展各项与改革开放相关的工作。

一、重要文件

1980年1月14日，国务院批转国家科委《关于我国建立专利制度的请示报告》（以下简称《报告》）。《报告》指出，为了促进和保护我国的发明创造，促进国际间的科技交流，为引进外资和引进技术创造条件，有必要在我国建立专利制度。

1980年1月22日，国务院根据首钢等试点企业的经验，发布《国营工业企业利润留成试行办法》，允许扩大企业自主权的试点企业把原定的全额利润留成，改成“基数利润留成加增长利润留成”，但工业企业必须完成了产量、质量、利润、供货合同四项计划指标后，才能按规定的留成比例，提取全部利润留成资金。

二、重大事件

1980年1月1日，人民银行发放中短期专项贷款扶持轻纺企业。本项贷款金额为20亿元，主要用于全民所有制和集体所有制纺织企业进行老厂的挖潜、革新、改造，以及与这些项目有关联的小量扩建、改建工程，贷款期限一般为1～2年，最长不超过三年。

1980 年 1 月 1 日,中国广州对外贸易中心正式成立。其主要任务是为外贸公司提供出口商品交易服务。

1980 年 1 月 4 日,全国物价会议在北京召开。会议研究了改革价格管理体制、加强物价工作领导、充实物价机构人员、培训物价干部等问题。

1980 年 1 月 7 日,第三次全国财政理论研讨会在广东佛山闭幕。会议讨论了财政在国民经济中的地位和作用,财政、信贷、物资、外汇的综合平衡,财政体制和财务管理体制改革等问题。

1980 年 1 月 21 日,南宁新建一批住宅向私人出售。广西的南宁、柳州、桂林、梧州等市新建 134 套、共 9000 多平方米的住宅,向私人出售。

1980 年 1 月 24 日,美国给予中国最惠国待遇。美国国会参众两院先后批准了中美贸易协定。协定规定美国在贸易往来中给予中国最惠国待遇。

三、重要论述

《人民日报》(1980 年 1 月 1 日)发表陆南泉的《对扩大企业自主权的几点看法》。文章认为,扩大企业自主权,应该让企业拥有更多的计划权;要解决好企业的法律地位;要使广大职工对企业拥有管理权等。

《人民日报》(1980 年 1 月 14 日)发表评论员文章《提倡合同制》。文章评价了河北省晋县试行合同制办法的效果,认为这是农业生产管理方面有重大意义的改革。试行合同制,改变了单用行政命令抓生产的办法,改善了国家企业事业单位与农民的经济关系。

《经济研究》(1980 年第 1 期)刊发柳随年的《关于我国经济体制改革方向的探讨》。文章认为,衡量一个经济体制好不好的标准:是看它的权力分配制度是否反映经济发展的客观要求;是否能有效地利用人力、物力、财力和自然资源;是否做到"管而不死、活而不乱";是否充分发挥中央、地方、企业和劳动者的积极性。

四、重要数据

1979 年我国食油收购量大幅度增加。增长幅度之大,是历史上没有的。截至 1979 年 1 月 5 日,全国已经收购食油 13.3 亿公斤,超额完成了全年国家收购计划，比 1978 年度多收购了 5.3 亿斤。

1979 年，全国畜牧业取得可喜成果。1979 年，全国猪、羊、大牲畜和畜产品普遍比 1978 年增产。例如，猪的存栏数比 1978 年增加 800 多万头。商业部在 1978 年 1 月 18 日专门下发通知，要求各大城市敞开供应猪肉。

五、作者观点

【改革要让企业获利】 企业是经济的细胞，企业改革始终是经济体制改革的中心环节。企业改革的核心是正确处理好政府与企业的权利分配关系。扩大企业自主权改革是增加企业权力，提高利润留成比例是增加企业利益。1980 年 1 月，国务院发布《国营工业企业利润留成试行办法》，旨在强调增长利润留成，增加企业利益，调动企业积极性。

【美国赋予中国最惠国待遇是对外开放的又一重要事件】 开放始终与改革同行，开放极大地促进了改革。中美关系是中国对外关系的重中之重。美国国会参众两院先后批准中美贸易协定，规定美国在贸易往来中赋予中国最惠国待遇，是“美中关系的重要转折点”。此后，中美贸易快速发展，推动了中国的对外开放事业。

【推进专利制度改革】 专利制度是科技创新的强力助推器，它在鼓励和保护技术创新，提高我国创新能力，增强国际竞争力，促进科学进步和经济社会发展中发挥着重要作用。1980 年 1 月，国务院批转国家科委《关于我国建立专利制度的请示报告》，意味着我国专利制度的起步。

参考文献

[1]人民日报图文数据库(1946—2018)。

[2]王振川. 中国改革开放新时期年鉴(1979)[M]. 北京:中国民主法制出版社,2015.

[3]何东君. 中华人民共和国改革开放 30 年年鉴(1978—2008)[M]. 北京:新华出版社,2009.

[4]国家统计局国民经济综合统计司. 新中国 50 年统计资料汇编[M].

北京:中国统计出版社,1999.

[5]柳随年. 关于我国经济体制改革方向的探讨[J]. 经济研究,1980(1):4-11.

[6]吴晓波. 激荡三十年:中国企业1978—2008[M]. 北京:中信出版集团,2017.

实行“划分收支，分级包干”财政管理体制
（1980.02）

1980 年 2 月，财政管理体制改革是亮点，国务院决定实行“划分收支，分级包干”财政管理体制。

一、重要文件

1980 年 2 月 1 日，国务院发布《实行“划分收支，分级包干”财政管理体制的暂行规定》。这是国家财政管理体制的重大改革，不仅涉及财政收支结构、财权划分和财力分配的调整和改进，还涉及计划、基建、物资、企业、事业等管理体制的调整和改进。

1980 年 2 月 9 日，国务院发布《关于改革海关管理体制的决定》。提出改革现行海关管理体制，成立中华人民共和国海关总署，作为国务院直属机构，统一管理全国海关机构和人员编制及其业务。

1980 年 2 月 12 日，五届人大十三次会议通过《中华人民共和国学位条例》。自 1981 年 1 月 1 日起实施。

二、重大事件

1980 年 2 月 1 日，中美贸易关系协定开始生效。本协定于 1979 年 7 月 7 日签署，1980 年 2 月 1 日生效，协定有效期为三年。

1980 年 2 月 12 日，为了加强对机械工业的统一领导，五届人大十三次会议决定设立国务院机械工业委员会。

1980年2月13日，国务院发布《关于拟定长期计划的通知》，拟着手进行“1981—1990年国民经济十年规划”的制定工作。

1980年2月12日，五届人大常务委员会决定，拟于1980年上半年试点县级直接选举制度。这是我国选举制度和地方政权建设的一项重大改革。

1980年2月19日，国家经委就做好扩大企业自主权试点工作提出三条意见：同整顿企业结合起来；正确处理好国家、企业、个人三者之间的关系；搞好利润留成试点工作。

1980年2月22日，国家经委确定1980年针对企业整顿的五个方面工作：调整好领导班子，建立严格的责任制度，普遍实行厂内经济核算制，开展全员培训工作，改进奖励制度。

三、重要论述

《人民日报》（1980年2月2日）发表肖灼基的《应该把教育看作生产部门》。文章认为，教育是重要的社会生产力，要把发展教育放在优先地位，要逐步增加教育投资，要用经济办法办教育，要改善教师生活条件。

《人民日报》（1980年2月7日）发表评论员文章《重视市场调节的作用》。文章认为，把市场调节与计划调节截然对立起来的观点是不正确的。正确运用市场调节，不是削弱计划调节的作用，而是计划调节的补充。同时，运用市场调节，也要加强指导和必要的管理。

四、重要数据

1980年2月19日，新华社报道，全国扩大企业自主权试点的工厂企业有3000多个，占全国全民所有制重点工业企业总数的7%，工业总产值的30%以上，工业利润的45%左右。

五、作者观点

【财政体制改革破题】 财政体制改革是经济体制改革的重点和难点，至今财政体制改革也未完成，原因是财政体制涉及复杂的利益关系。财政体制改革的重点之一是理顺中央与地方的财权与事权关系。1980年2月推出的“划分收支,分级包干”财政管理体制改革,就是这方面的重要探索。分级包干的主要作用在于激励地方政府增加财政收入的积极性。

【教育体制改革应放在优先位置】 教育体制改革对于促进我国教育和科学事业发展意义重大。1980 年 2 月通过的《学位条例》,是我国教育和科学事业领域的一项重要改革。实行学位制度,有利于形成一种尊重科学、尊重知识的社会新风尚,同时激励人们奋发向上。

【持续推进扩大企业自主权改革】 扩大企业自主权改革始终是经济体制改革的核心。1980 年 2 月,国家经委就做好扩大企业自主权试点工作提出的三条意见,很有针对性。新华社有关全国扩大企业自主权试点工厂企业数据的报道,说明试点取得了良好效果。这对推进企业改革,尤其是国有企业改革,有很强的启示意义。

参考文献

[1]人民日报图文数据库(1946—2018)。

[2]王振川. 中国改革开放新时期年鉴(1979)[M]. 北京:中国民主法制出版社,2015.

[3]何东君. 中华人民共和国改革开放 30 年年鉴(1978—2008)[M]. 北京:新华出版社,2009.

[4]国家统计局国民经济综合统计司. 新中国 50 年统计资料汇编[M]. 北京:中国统计出版社,1999.

中央财政经济领导小组成立
（1980.03）

1980年3月，中央财政经济领导小组成立，这是我国经济的核心领导和决策部门。

一、重要文件

1980年3月10日，中宣部和中组部联合发布《关于加强干部教育工作的意见》（以下简称《意见》）。《意见》指出，逐步建立以党校、专业干校为支柱的干部教育网，逐步实行正规的干部教育制度。

1980年3月21日，国务院批转农业部《关于加速发展畜牧业的报告》（以下简称《报告》）。《报告》指出，畜牧业是农业中的薄弱环节，要提高畜牧业在农业中的比重，提高肉蛋奶在食物中的比重。

1980年3月30日，国务院召开长期计划座谈会，讨论编制长期计划的方针、政策问题。会后，国家计委初步拟定了《制定长远规划的一些基本设想（汇报提纲）》。

二、重大事件

1980年3月7日，香港举办"80年代中国经济研讨会"。研讨会缩短了内地与香港的距离，成为内地与香港经济共同发展的重要催化剂。

1980年3月17日，中共中央政治局常务委员会决定，成立中央财政经济领导小组，撤销原国务院财政经济委员会。

1980年3月17日，县级直接选举试点工作在各地展开。全国已有18个省、市、自治区先后开展直接选举试点工作。

1980年3月18日，据《人民日报》报道，大连海洋渔业公司实行财政包干。公司调整内部生产结构，重视加工和综合利用，通过实行层层包干的经济责任制，提高经济效益。

1980年3月24日，中共中央在广州召开广东、福建两省会议，同意把“出口特区”改为“经济特区”。

1980年3月31日，财政部决定在广西柳州市进行税制改革的调查和试点，以便未来两年内提出税制改革总体设计方案和实施步骤。为此，财政部拟定了增值税、固定资产税、资源税和对国营企业征收所得税、收入调节税的方案。

三、重要论述

《人民日报》(1980年3月6日)发表李锐的《必须优先发展水电——我国能源政策的一个重要问题》。文章认为，我们缺乏全面综合的经济观点，不能将眼光放远一点，不善于算大账，即缺乏一个高瞻远瞩的合乎中国实际的能源政策，有关方面不能下大决心优先发展水电。

《教学与研究》(1980年第3期)发表张培刚的《微观经济学的对象和方法》。文章提出，在采取计划调节的同时，也要采取一些市场调节的措施和手段与之相结合或配合。

《经济管理》(1980年第3期)刊发孙效良的《推动力、主动权、市场经济——经济体制改革的三个主要方面》。文章认为，经济管理体制改革的中心问题是改革分配制度。

四、重要数据

1980年3月31日，根据《人民日报》报道，1980年，我国轻工业实现的利润、税收约占全国财政收入的19%，轻工业品出口换回的外汇占整个外贸出口的22%。

五、作者观点

【推进顶层机构改革】 机构改革始终是改革的一项重要内容，顶层机构的改革尤为重要。由于国务院财经委员会与国家计委的某些工作职能存在重复，1980 年 3 月，中央决定撤销国务院财政经济委员会，成立中央财政经济领导小组。这一机构一直存续到现在，在推进我国经济改革、搞好宏观调控中发挥了重要作用。

【树立全面综合的改革思想】 任何一项改革实践，都不是孤立进行的，都有系统配套的问题。无论是李锐文章提到的能源政策改革问题，还是孙效良文章提到的经济体制改革三个方面关系问题，都强调要树立全面综合的改革思想。这一点，对推进我国目前的各项改革很有启发意义。

【始终重视改革试点工作】 试点是重要的改革方法，也是中国重要的改革经验。大连海洋渔业公司的财政包干试点和广西柳州工商税制改革试点等，对探索财政体制改革和工商税制改革，提供了可复制、可推广的重要经验。当前，我国改革已进入攻坚期和深水区，利益格局更为复杂，困难挑战更为多元，因此改革试点仍然很重要。

参考文献

[1]人民日报图文数据库(1946—2018)。

[2]王振川．中国改革开放新时期年鉴(1979)[M]．北京：中国民主法制出版社，2015.

[3]何东君．中华人民共和国改革开放 30 年年鉴(1978—2008)[M]．北京：新华出版社，2009.

[4]国家统计局国民经济综合统计司．新中国 50 年统计资料汇编[M]．北京：中国统计出版社，1999.

[5]1980 年 3 月 19 日：邓小平提出评价建国以来历史问题的指导思想[EB/OL]．中国共产党新闻，http://cpc.people.com.cn/GB/64162/64165/77585/78762/5443525.html.

[6]张培刚. 微观经济学的对象和方法[J]. 教学与研究,1980(3):48－54.

[7]孙效良. 推动力、主动权、市场经济——经济体制改革的三个主要方面[J]. 经济管理,1980(3):13－16.

[8]张金才. 陈云与中央财经工作领导机构的变迁[J]. 北京党史,2013(1):26－30.

第一家中外合资企业设立
（1980.04）

1980年4月，国家相继推出对外开放的相关措施，例如，发行外汇兑换券；国际货币基金组织决定正式恢复中国在该组织的代表权；国务院批准福州、厦门、漳州、泉州四个城市对外开放，长江沿岸开办张家港等八个对外贸易运输港口；广东省成立经济特区管理委员会；国家外国投资管理委员会批准三个外商投资项目，其中，第一家中外合资企业——北京航空食品有限公司的设立，尤为令人瞩目。

一、重要文件

1980年4月1日，国家计委、国家经委、国家劳动总局联合下发《国营企业计件工资暂行办法（草案）的通知》（以下简称《通知》）。《通知》规定了实行计件工资制的具体要求，并明确了实行计件工资制的目的和必备条件。

1980年4月25日，财政部发布《对安置待业知青的城镇集体企业进一步减免税的通知》（以下简称《通知》），《通知》规定，对安置城镇待业知青的集体企业在原税收优惠政策的基础上，在免税期限上再给予适当放宽的照顾。

1980年4月30日，国家统计局公布《关于一九七九年国民经济计划执行结果的公报》。

二、重大事件

1980年4月1日，为了满足来华的外国人及归侨的需要，国务院授权中国银行发行外汇兑换券，简称外汇券，自1980年4月1日开始流通，1995年1月1日停止使用。

1980年4月17日，国际货币基金组织决定正式恢复中华人民共和国在该组织的代表权。双方就恢复我国在世界银行、国际开发协会、国际金融公司中的合法席位达成协议。

1980年4月21日，国家外国投资管理委员会批准设立三个外商投资项目。其中，北京航空食品有限公司是我国第一家中外合资企业，取得了国家外资委发放的中外合资企业第“001号”。

1980年4月，经国务院批准，福州、厦门、漳州、泉州四市对外开放，长江沿岸开办八个对外贸易运输港口，即江苏张家港、南通、南京三港，以及安徽芜湖、江西九江、湖北武汉、湖南城陵矶、重庆五港。

1980年4月25日，广东省委决定成立广东省经济特区管理委员会，对全省三个经济特区进行统一管理，并直接经营深圳经济特区。

三、重要论述

1980年4月12日，新华社发表评论员文章指出，扩大企业自主权试点给企业带来四大好处。文章指出，扩大企业自主权的试点工作，对我国整个经济管理体制和上层建筑的改革发挥着积极有效的推动作用。

《经济研究》(1980年第4期)刊发汪海波、吴敬琏、周叔莲的《知识分子在现代生产中的作用》。文章提出，从事脑力劳动的知识分子是愈来愈重要的生产力要素。

《经济管理》(1980年第4期)刊发刘志城的《对扩大企业财权的几点看法》。文章中指出，应当处理好财政和企业关系，扩大财权是发掘现有企业潜力的重大步骤，扩大企业财权应该用法律形式加以保障，改上缴利润为征税是正确处理国家同企业收入分配的好形式。

四、重要数据

1980 年 4 月,《人民日报》报道,大庆原油年产量连续四年稳定在 5000 万吨。1979 年大庆油田原油的年产量占全国原油总产量将近一半,它已成为世界上年产 5000 万吨以上石油的少数几个特大油田之一。世界原油产量 1979 年达 32 亿吨。

五、作者观点

【开放比改革更易推进】 在改革开放初期,开放的举措更为密集。这是有原因的:相对于对内改革,对外开放更容易操作,遇到的阻力和障碍更小,更容易获得国际社会和华人的支持,开放获得的短期收益(如资金、技术、人才、管理、市场等)也更明显。

【始终抓住放权让利这个"牛鼻子"】 企业改革的目的是增强企业活力,而增强企业活力要靠保障企业的权利,放权让利就是保障企业的权利。因此,放权让利成为改革初期的主要选择。1980 年 4 月,《国营企业计件工资暂行办法(草案)的通知》和《对安置待业知青的城镇集体企业进一步减免税的通知》等文件,正是围绕企业放权让利改革展开的。刘志城的《对扩大企业财权的几点看法》也很有启发意义。

【重视人才方面的改革】 事业成败,关键在人。人的行为受有形制度(法律、法规、标准、政策等)和无形制度(观念、习俗等)的影响。好的制度引导出好的人类行为,故人才方面的改革非常重要。1980 年 4 月,汪海波、吴敬琏、周叔莲在《经济研究》上刊发的《知识分子在现代生产中的作用》,强调了从事脑力劳动的知识分子的重要性,以及人才体制机制改革对激发知识分子积极性的作用。

参考文献

[1]人民日报图文数据库(1946—2018)。

[2]王振川. 中国改革开放新时期年鉴(1980)[M]. 北京:中国民主法

制出版社,2015.

[3]何东君．中华人民共和国改革开放30年年鉴(1978—2008)[M]．北京:新华出版社,2009.

[4]国家统计局国民经济综合统计司．新中国50年统计资料汇编[M].北京:中国统计出版社,1999.

[5]汪海波,吴敬琏,周叔莲．知识分子在现代生产中的作用[J]．经济研究,1980(4):25-33.

[6]刘志城．对扩大企业财权的几点看法[J]．经济管理,1980(4):18-21,32.

中央批准试办深圳等四大经济特区
(1980.05)

1980年5月，中共中央和国务院批准深圳市、珠海市、汕头市、厦门市试办经济特区，这是改革开放进程中的重大事件。本月，还推出了一些重要的改革举措，例如，农业和统计领域干部技术职称规定出台等。

一、重要文件

1980年5月8日，国务院批准发布《农业技术干部技术职称暂行规定》。

1980年5月12日，地质部、煤炭部、冶金部、石油部、化工部、二机部、建工部、轻工部联合颁布《群众报矿奖励办法》。

1980年5月16日，国务院批转国家统计局制定的《统计干部技术职称暂行规定》。

1980年5月17日，《国务院、中央军委关于民航管理体制若干问题的决定》颁布。民航局是国家管理民航事业的行政机构，统一管理全国民航的机构、人员和业务，逐步实现企业化管理。民航局不再由空军代管。

1980年5月28日，中国人民银行颁布修改后的《中国人民银行储蓄存款章程》。

二、重大事件

1980年5月5日，经广东省特区管理委员会批准，深圳特区第一家港商独资企业——新南新印染厂在葵涌兴建。

1980 年 5 月 16 日，中共中央和国务院批准《广东、福建两省会议纪要》，决定在广东省的深圳市、珠海市、汕头市和福建省厦门市各划出一定范围的区域，试办经济特区。

1980 年 5 月 20 日，全国财政工作座谈会在北京召开。会议着重讨论了三件事：一是 1980 年的预算平衡问题；二是今后财政上如何增收节支问题；三是工商税制和企业财务制度改革问题。

1980 年 5 月 21 日，国家建工总局在北京召开全国建工局长会议。会议就建筑产品商品化问题进行了探讨，认为这是发展建筑业的一项重大改革。

1980 年 5 月 26 日，电子工业科学技术委员会成立。成立大会强调，电子工业属知识密集型新兴工业部门，要充分发挥专家作用，重视培养新人才。

三、重要论述

《中国社会科学》(1980 年第 3 期) 刊发吴敬琏和陈吉元的《根据地方特点建立合理的工业结构——关于江苏省工业结构问题的情况和看法》。文章中指出，各省要根据自己的特点，建立具有自己特色的工业体系，要充分发挥自己的优势。

《人民日报》(1980 年 5 月 24 日) 发表社论《积极推广合同制》。社论中指出，实行合同制是经济管理体制的一项重要改革，能够使我们的经济活动符合客观规律。

《经济研究》(1980 年第 5 期) 刊发何振一的《什么是经济杠杆》。文章中指出，经济杠杆必须和经济动力结合起来才能发挥应有的作用。

四、重要数据

5 月 19 日，根据《人民日报》的报道，我国近两年增加公路干线 2500 公里，县社和山区公路 5 万多公里。截至 1979 年年底，全国公路通车里程已达到 89 万公里。除西藏自治区墨脱县和四川省得荣县之外，全国 2000 多个县目前都已通了公路。

五、作者观点

【试办经济特区意义重大】 建设经济特区是中国改革开放的重要经验。中国初期的改革没有采取“休克疗法”,而是采取了渐进的做法。事实证明,这一改革策略既符合当时的实际,也产生了较好的效果。试办经济特区就是渐进改革的具体做法,即选择一些城市先行先试,取得成功经验后,再推广至全国。1980 年 5 月,中共中央和国务院批准深圳市、珠海市、汕头市、厦门市试办经济特区,对中国整个改革开放进程都产生了重要的推动作用。

【吸引外资加快发展】 发展中国家在现代化起步过程中遇到的主要难题是资金短缺,中国改革开放初期也不例外。如何吸引外资,缓解资金短缺压力,是必须首先解决的问题。处于改革开放前沿的深圳特区,在这方面做了许多大胆的先行探索。1980 年 5 月 5 日,香港新南新印染厂在深圳葵涌兴建独资经营的“新南新印染厂”就是这种探索的代表。

【改革先从解放思想开始】 思想决定行为,思路决定出路。先有文艺复兴,后有工业革命;先有“实践是检验真理唯一标准”的大讨论,后有伟大的改革开放。“实践发展永无止境,解放思想永无止境,改革开放永无止境”。因此,邓小平在充分肯定安徽农村改革的同时,也指出,“现在农村工作中的主要问题是思想不够解放”。这一点,对当今的很多改革仍然是适用的。

参考文献

[1]人民日报图文数据库(1946—2018)。

[2]王振川. 中国改革开放新时期年鉴(1980)[M]. 北京:中国民主法制出版社,2015.

[3]何东君. 中华人民共和国改革开放 30 年年鉴(1978—2008)[M]. 北京:新华出版社,2009.

[4]国家统计局国民经济综合统计司. 新中国 50 年统计资料汇编[M]. 北京:中国统计出版社,1999.

[5]李佐军．中国改革新思维——改出一个“人本市场经济”[M]．北京:电子工业出版社,2013.

[6]李佐军．中国的根本问题:九亿农民何处去[M]．北京:中国发展出版社,2001.

[7]李佐军．第三次大转型:新一轮改革如何改变中国[M]．北京:中信出版集团,2014.

[8]李佐军．中国发展动力研究报告——找准中国经济发展的新动力[M]．北京:社会科学文献出版社,2016.

[9]李佐军．中国发展动力研究报告——以供给侧改革塑造新动力[M]．北京:中国言实出版社,2017.

[10]吴敬琏,陈吉元．根据地方特点建立合理的工业结构——关于江苏省工业结构问题的情况和看法[J]．中国社会科学,1980(5):206-213.

[11]何振一．什么是经济杠杆[J]．经济研究,1980(5):81-82.

中国加入世界知识产权组织
(1980.06)

1980年6月,改革开放继续多方面推进:加入世界知识产权组织;北京放宽对个体工商户政策;国家进出口管理委员会与外贸部公布《关于出口许可制度的暂行办法》;成立国家商品检验总局、中国铁路对外服务公司、中国种畜进出口公司;财政部、国家经委发布《关于征收国营工业、交通企业固定资金占用费的暂行办法》等。其中,加入世界知识产权组织,对促进我国知识产权事业发展意义重大。

一、重要文件

1980年6月3日,国家进出口管理委员会与外贸部发布《关于出口许可制度的暂行办法》(以下简称《办法》)。《办法》旨在加强对外贸易管理,协调各地、各部门对外成交、出口,以利统一对外。

1980年6月18日,卫生部颁布《国境口岸传染病监测试行办法》。

1980年6月20日,财政部、国家经委发布《关于征收国营工业、交通企业固定资金占用费的暂行办法》(以下简称《办法》)。《办法》指出,在没有正式颁发国营企业固定资产税法以前,先在实行利润留成的企业中进行有偿占用固定资金试点,1981年准备全面推广。

1980年6月30日,卫生部颁发《关于评定卫生技术管理干部技术职称的规定(试行)》,以调动卫生技术干部工作的积极性,提高卫生技术管理水平。

二、重大事件

1980年6月4日，中国加入世界知识产权组织，《建立世界知识产权组织公约》对中国生效。

1980年6月5日，北京市工商行政管理局放宽对北京个体工商户政策。同意待业青年和退休职工从事个体经营，允许退休职工带一两个待业青年，组成合作小组进行生产和加工。

1980年6月21日，全国县级直接选举试点基本结束。试点工作为下半年全国普遍开展县级直接选举提供了经验。

1980年6月，国家商品检验总局、中国种畜进出口公司和中国铁路对外服务公司成立。

三、重要论述

《读书》(1980年第12期)在"座谈外国资产阶级的启蒙思想"活动期间刊发厉以宁的《从经济学角度来谈谈》。文章指出，要反掉经济工作中一套封建家长式的、命令主义的、官僚主义的东西。东西方经济的共同趋势是走向经济上开放，即减少集中的计划管理。

《人民日报》(1980年6月10日)发表薛暮桥的《关于经济体制改革的一些意见》。文章认为，经济管理体制必须进行全面的改革。财政要实行分级管理；扩大企业自主权，主要抓企业的利润分成；要形成经济上自然结合的统一市场，建立若干经济中心或贸易中心。

《人民日报》(1980年6月12日)发表千家驹的《关于改革大学教育体制的一点意见》。针对高等教育体制改革，文章提出，教学应与科研相结合；实行学校后勤工作的专业化与社会化；恢复学分制度，允许学生转系、换专业；改变目前严重存在的重理轻文的错误倾向。

四、重要数据

据国家统计局统计，1980年上半年，全国发电1455.4亿度，比1979年增长9.6%。安徽省凤阳县的夏粮总产量达到1亿公斤，比没有实行"大包干”的 1977 年总产量增加一倍。

据国家劳动总局统计，全国已建立 831 个劳动服务公司，组织和安排了 150 多万名待业人员进行劳动服务和就业训练。

五、作者观点

【深化知识产权领域改革】 1980 年 6 月，我国加入世界知识产权组织，这是大事。改革开放初期，邓小平提出“科技是第一生产力”，发展科技离不开人才，调动人才的积极性和创造性离不开知识产权的保护。加入世界知识产权组织，有利于我国充分吸收国际经验，促进知识产权事业发展。

【市场经济从个体户经营萌芽】 人类历史上，市场经济就是从个体户经营萌生出来的。我国在改革开放初期打破计划经济体制，一靠外资，二靠个体户。个体户虽小，但其力量不可小觑，所谓“星星之火，可以燎原”。后来很多的乡镇企业、城市工商企业、企业家都是从早期的个体户成长起来的。因此，1980 年 6 月，北京市工商行政管理局放宽对北京个体工商户政策，意义深远。

【经济学家在改革中具有重要作用】 在中国 40 多年的改革进程中，经济学家发挥了多方面不可替代的重要作用：传播经济学知识；提供实证研究；提供改革建议和对策；结合改革实践进行理论创新等。前文所述的厉以宁、薛暮桥、千家驹等著名经济学家的文章，其中就有部分内容体现了这种作用。

参考文献

[1]人民日报图文数据库(1946—2018)。

[2]王振川. 中国改革开放新时期年鉴(1980)[M]. 北京：中国民主法制出版社，2015.

[3]何东君. 中华人民共和国改革开放 30 年年鉴(1978—2008)[M]. 北京：新华出版社，2009.

[4]国家统计局国民经济综合统计司. 新中国 50 年统计资料汇编[M]. 北京：中国统计出版社，1999.

[5]中华人民共和国财政部大事记(1979—1998)。

[6]薛暮桥．关于经济体制改革的一些意见[N]．人民日报,1980－6－10.

[7]厉以宁．从经济学角度来谈谈[J]．读书,1980(12):17－21.

[8]千家驹．关于改革大学教育体制的一点意见[N]．人民日报,1980－06－12.

[9]李佐军．经济学家在改革中的作用[N]．中国经济时报,2013－3－25.

农村家庭联产承包责任制改革逐步展开（1980.07）

1980年7月，改革开放又取得了一些新的进展，例如，世界银行向中国提供第一笔贷款；国务院批转财政部《关于财政监察工作的几项规定》；国务院颁发《关于推动经济联合的暂行规定》；国务院公布实施《中外合资经营企业劳动管理规定》；中共贵州省委发布《关于放宽农业政策的指示》；成立了中国纺织机械工业总公司、中国进出口商品检验总公司等。其中，贵州省允许在全省农村普遍推行以包干到户为主的家庭联产承包责任制，内蒙古自治区允许"包产到户""包产到劳"和"口粮田"等一切可以增产的生产责任制长期并存，意味着农村改革继续深入推进。

一、重要文件

1980年7月2日，国务院批转财政部《关于财政监察工作的几项规定》（以下简称《规定》）。《规定》旨在维护财政纪律，贯彻落实财政政策，确保财政任务的顺利完成。

1980年7月8日，国务院颁发《关于推动经济联合的暂行规定》，第一次提出了我国推动横向经济联合的政策。

1980年7月15日，中共贵州省委发布《关于放宽农业政策的指示》（以下简称《指示》）。《指示》指出，允许在全省农村普遍推行以包干到户为主的家庭联产承包责任制。

1980年7月26日，国务院公布实施《中外合资经营企业劳动管理规定》。

二、重大事件

1980年7月24日，世界银行代表团访华，拟向我国高等院校（主要是理工科院校）提供不少于2亿~2.33亿美元的贷款。这是世界银行向我国提供的第一笔贷款。

1980年7月28日，中共内蒙古自治区委员会召开常委扩大会议。会议提出，要允许"包产到户""包产到劳"和"口粮田"等一切可以增产的生产责任制长期并存。

1980年7月30日，司法部在北京召开全国司法行政工作座谈会，并向国务院报送了《关于全国司法行政工作座谈会的报告》（以下简称《报告》）。《报告》指出，"司法行政工作在社会主义法制建设中担负着组织、宣传、教育和后勤等重要任务"。

1980年7月，成立了中国纺织机械工业总公司、中国进出口商品检验总公司、北京第一家全国性电子计算机技术服务公司、黑龙江拖拉机工业联营公司、中国南京无线电公司（电子行业中由部属企业和地方企业联合组成的第一个企业性公司）。

三、重要论述

1980年7月28日，中国人民银行召开部分分行行长座谈会。与会者认为，要改变目前银行贷款供给制的办法；银行贷款的路子要放宽；多手段筹资；应当重视银行利率的经济杠杆作用。

四、重要数据

1980年7月21日，据新华社报道，截至6月底，全国进行扩大自主权试点的工业企业已达6600多个，占全国全民所有制工业企业总数的16%，其产值和利润分别占60%和70%左右，上半年多数企业实现了增产增收。

五、作者观点

【农村家庭联产承包责任制改革逐步展开】　中国改革开放率先从农村

改革取得突破,农村改革又是从家庭联产承包责任制开始的。改革开放初期,广大农民为了挣脱人民公社制度的束缚,尝试了包干到户、包产到户、包产到劳等很多改革措施,最后逐步稳定在家庭联产承包责任制这一新的制度形式上。当时的很多地方政府,逐步解放思想,承认、适应、引导、鼓励、支持了这一改革。例如,贵州省允许在全省农村普遍推行以包干到户为主的家庭联产承包责任制,内蒙古自治区允许包产到户、包产到劳和口粮田等一切可以增产的生产责任制长期并存,就是这种背景的产物。

【推动企业组织创新】 企业创新是一个由多种创新构成的创新系统,包括技术创新、制度创新、组织创新、管理创新、市场创新、产品创新和文化创新等。改革开放初期,为了发展生产力,我国不断地推进多方面的企业创新。1980 年 7 月,国务院颁发《关于推动经济联合的暂行规定》,黑龙江成立拖拉机工业联营公司、部属企业和地方企业联合组成南京无线电公司等,都是企业的组织创新。

【开放办教育改革】 教育是民族振兴、社会进步的基石。改革开放初期,教育面临的难题之一是资金短缺,如何缓解教育资金短缺问题,是教育改革必须首先解决的问题。1980 年 7 月,世界银行代表团访华,拟向我国高等院校(主要是理工科院校)提供不少于 2 亿 ~2. 33 亿美元的贷款。这是世界银行向中国提供的第一笔贷款,拉开了中国教育对外开放的序幕。

参考文献

[1]人民日报图文数据库(1946—2018)。

[2]王振川. 中国改革开放新时期年鉴(1980)[M]. 北京:中国民主法制出版社,2015.

[3]何东君. 中华人民共和国改革开放 30 年年鉴(1978—2008)[M]. 北京:新华出版社,2009.

[4]国家统计局国民经济综合统计司. 新中国 50 年统计资料汇编[M]. 北京:中国统计出版社,1999.

[5]中华人民共和国财政部大事记(1979—1998)。

[6]中国民营经济史 · 大事记(连载三十六)[N]. 中华工商时报,

2009－11－29.

[7]窦现金．正确认识新时代教育优先发展战略[N]．中国科学报，2018－01－03.

[8]李佐军．人本发展理论:解释经济社会发展的新思路[M]．北京:中国发展出版社,2008.

[9]高通．我国司法行政机关定位的历史变迁与反思[N]．山东大学学报(哲学社会科学版),2012(2).

[10]张进．全面深化体制机制改革奋力打造司法行政工作升级版[J]．中国司法,2014(4):24－26.

邓小平作《党和国家领导制度的改革》讲话
（1980.08）

1980年8月，邓小平在中共中央政治局扩大会议上作了《党和国家领导制度的改革》的讲话，本次讲话成为指导我国进行政治体制改革的纲领性文献。

一、重要文件

1980年8月26日，第五届全国人大常委会第十五次会议决定，批准国务院提出的在广东省深圳市、珠海市、汕头市和福建省厦门市设置经济特区，并通过《广东省经济特区条例》。

1980年8月26日，五届人大常委会第十五次会议通过《中华人民共和国律师暂行条例》。

1980年8月26日，国务院批转财政部《关于执行农业税起征点办法的情况报告》（以下简称《报告》）。《报告》提出"允许各地在国家统一的政策原则下因地制宜地核定农业税的起征点"等共五项改进意见。

1980年8月26日，国务院批转农业部《兽药管理暂行条例》。

二、重大事件

1980年8月2—7日，中央召开全国劳动就业工作会议。会议提出，逐步做到允许城镇劳动力在一定范围内流动；实行在国家统筹规划和指导下，劳动部门介绍就业、自愿组织起来就业和自谋职业相结合的方针。

1980年8月7日,国务院抽调干部核查1979年财政收支情况。这是新中国成立以来第一次大规模全面检查、核实干部的财政收支情况。

1980年8月26日,财政部向中央财经领导小组作关于税制改革问题的汇报,提出税制改革的中心是把上缴利润改为缴纳所得税。

1980年8月26日,第五届全国人大常委会第十五次会议决定,为了加强对全国能源的管理,设立国家能源委员会。

三、重要论述

1980年8月3日,全国第二次畜牧业经济理论讨论会上,许涤新首先提出应当注意把经济平衡、经济效益同生态平衡、生态效益结合起来。

1980年8月30日,姚依林在五届人大三次会议上所作的《关于1980年、1981年国民经济计划安排的报告》中指出,从1981年开始,扩大国营企业由上缴利润改为征收所得税的试点,并相应开征收入调节税和资源税。

四、重要数据

1980年8月1日,根据《人民日报》报道,1980年上半年全国七种轻纺工业产品的税收比1979年同期增加11.1亿元。

五、作者观点

【密集推进财税体制改革】 财税体制关系着纳税人尤其是纳税企业的切身利益,又紧密连接着行政体制改革,因此财税体制改革历来是改革的重点和难点。1980年8月,国家十分密集地推出了很多财税体制方面的改革措施:国务院批转财政部《关于执行农业税起征点办法的情况报告》;国务院抽调干部核查1979年财政收支情况;财政部提出税制改革的中心是把上缴利润改为缴纳所得税;等等。这些改革措施对推进改革开放事业起到了重要作用。

参考文献

[1]人民日报图文数据库(1946—2018)。

[2]王振川. 中国改革开放新时期年鉴(1980)[M]. 北京:中国民主法制出版社,2015:624 - 703.

[3]中华全国工商业联合会,香港经济导报社,中国民(私)营经济研究会. 中国私营经济年鉴[M]. 北京:中国审计出版社,2005:223.

[4]何东君. 中华人民共和国改革开放30年年鉴(1978—2008)[M]. 北京:新华出版社,2009:93.

[5]国家统计局国民经济综合统计司. 新中国50年统计资料汇编[M]. 北京:中国统计出版社,1999.

[6]财政改革大事记(1978—1983):在改革开放前沿探险开路[EB/OL]. 中华人民共和国财政部,http://www.mof.gov.cn/zhuantihuigu/czgg0000_1/gglc/200811/t2008 1107_88572.html.

[7]中共中央政策研究室. 中华人民共和国大事记(1949—2009)[M]. 北京:人民出版社,2009.

[8]中国民营经济史·大事记(连载三十六)[EB/OL]. 中华工商时报,http://finance.ifeng.com/roll/20091129/1520270.shtml.

[9]李佐军. 中国改革新思维——改出一个"人本市场经济"[M]. 北京:电子工业出版社,2013:45 - 46.

[10]许涤新. 建议建立生态经济学[J]. 经济学动态,1980(11):11 - 12.

[11]吴敬琏,马国川. 中国经济改革二十讲[M]. 北京:生活·读书·新知三联书店,2012:84.

[12]杨继绳,夏林. 从"渤海二号"事故看经济建设中极左思想和封建遗毒的危害[J]. 经济研究,1980(10):20 - 24.

[13]刘学军,黄琦. 全面深化改革领导干部学习读本[M]. 北京:中国财政经济出版社,2017.

《中外合资经营企业所得税法》等重要法律颁布（1980.09）

1980年9月，第五届全国人民代表大会第三次会议在北京闭幕，大会通过《国籍法》《婚姻法》《中外合资经营企业所得税法》和《个人所得税法》四个重要法律。

一、重要文件

1980年9月2日，国务院批转国家经委《关于扩大企业自主权试点工作情况和今后意见的报告》，要求从1981年起把扩大企业自主权的工作在国营工业企业中全面推开。

1980年9月10日，第五届全国人民代表大会第三次会议关于修改《中华人民共和国宪法》第四十五条的决议，决定取消原第四十五条中"有运用'大鸣、大放、大辩论、大字报'的权利"的规定。

1980年9月22日，国务院批准施行《中国银行章程》。

1980年9月27日，国务院体制改革办公室出台《关于经济体制改革的初步意见》（以下简称《意见》）。《意见》第一句话就提出："我国现阶段的社会主义经济，是生产资料公有制占优势、多种经济成分并存的商品经济。"1980年8月，中央财经领导小组和国务院批准建立国务院经济研究中心，同时设立国务院体制改革办公室。

1980年9月27日，中共中央印发《关于进一步加强和完善农业生产责任制的几个问题》，肯定了包产到户的社会主义性质。

二、重大事件

1980年9月7日，中共中央建议全国人民代表大会成立《宪法》修改委员会修改《宪法》。

1980年9月8日，国际货币基金组织年会通过决议，将中国特别提款权份额从5.5亿增加到12亿，并在国际货币基金组织执行董事会中为中国增加一个席位。

1980年9月12日，中国经济贸易展览会在旧金山开幕。这是新中国成立以来在美国首次举行的大型综合性展览。

1980年9月17日，中美两国政府间民航协定、海运协定、纺织品协议和领事条约在华盛顿签订。

1980年9月，中国人民公社企业供销总公司和中国科协科技咨询服务部成立；改革开放后中国第一家个体饭馆——北京悦宾饭馆开业。

三、重要论述

薛暮桥针对国务院体制改革办公室起草的《关于经济体制改革的初步意见》指出，所谓经济体制的改革，是要解决在中国这块土地上，应当建立什么形式的社会主义经济的问题，这是社会主义建设的根本方向。将来起草的经济管理体制改革规划，是部"经济宪法"。

《农业经济问题》(1980年第9期)刊发周其仁的《两种小生产不能混为一谈》。文章中指出，必须坚定不移地发展社会主义商品生产，遵循价值规律；必须给小商品经济以一定的历史地位。只有发展了"小"(商品经济)，才有可靠的"大"(社会主义农业)。

四、重要数据

1979年至1980年6月底，据20个省、市、自治区和一些工交部(不包括军工)统计，试点企业总计为6600多个，这些试点企业约占全国预算内工业企业数的16%左右，产值占60%左右，利润占70%左右。其中，上海、天津试点企业利润已达80%以上，北京已达94%。

五、作者观点

【税制改革取得新突破】 财政是国家治理的基础和重要支柱，科学的财税体制是优化资源配置、维护市场统一、促进社会公平、实现国家长治久安的制度保障。1980 年 9 月，第五届全国人民代表大会第三次会议通过并颁布了《中外合资经营企业所得税法》和《个人所得税法》，适应了我国对外开放初期引进外资、开展对外经济合作工作的需要。目前，我国现行财税体制还存在一些问题和不足，要实现国家治理体系和治理能力现代化，财税体制还需要继续进行改革。

【国企改革起步于放权让利】 作为经济体制改革的核心环节，国企改革开始于对国有企业进行扩权让利的改革试点。1980 年 9 月，国务院批转国家经委《关于扩大企业自主权试点工作情况和今后意见的报告》，要求从 1981 年起把扩大企业自主权的工作在国营工业企业中全面推开。当前，我国国企改革还存在许多问题，有待通过进一步改革来解决。今后的国企改革将主要聚焦于调整战略布局、深化股份制改革、健全法人治理结构、完善国有资产管理体制及国企领导方式等方面。

参考文献

[1]人民日报图文数据库(1946—2018)。

[2]王振川．中国改革开放新时期年鉴(1980)[M]．北京:中国民主法制出版社,2015:624 -703.

[3]中华全国工商业联合会,香港经济导报社,中国民(私)营经济研究会．中国私营经济年鉴[M]．北京:中国审计出版社,2005:223.

[4]何东君．中华人民共和国改革开放 30 年年鉴(1978—2008)[M]．北京:新华出版社,2009:93.

[5]国家统计局国民经济综合统计司．新中国 50 年统计资料汇编[M]．北京:中国统计出版社,1999.

[6]财政改革大事记(1978—1983):在改革开放前沿探险开路[EB/OL]．中华人民共和国财政部,http://www.mof.gov.cn/zhuantihuigu/czgg0000_1/

gglc/200811/t20081107_88572. html.

[7]中共中央政策研究室．中华人民共和国大事记(1949—2009)[M]．北京:人民出版社,2009.

[8]中国民营经济史·大事记(连载三十六)[EB/OL]．中华工商时报，http://finance. ifeng. com/roll/20091129/1520270. shtml.

[9]李佐军．中国改革新思维——改出一个“人本市场经济”[M]．北京:电子工业出版社,2013:45－46.

[10]吴敬琏．当代中国经济改革[M]．上海:上海远东出版社，2003:58.

[11]吴晓波．激荡三十年:中国企业 1978—2008[M]．北京:中信出版集团,2017:77－78.

[12]周其仁．两种小生产不能混为一谈[J]．农业经济问题,1980(9):3－8,49.

[13]陈锡文．试论我国南方集体林管理形式的改革[J]．农业经济问题,1980(9):17－22.

[14]邹东涛．中国改革开放 30 年[M]．北京:社会科学文献出版社,2008.

[15]高培勇．财税改革是全面深化改革的关键[N]．人民日报,2014－07－03.

陈春先创办我国第一个民营科技实体
(1980.10)

1980年10月,被誉为“中关村第一人”的陈春先创办了中国第一个民营科技实体。

一、重要文件

1980年10月7日,国务院批转教育部、国家劳动总局《关于中等教育结构改革的报告》(以下简称《报告》)。《报告》旨在改革中等教育的结构,发展职业技术教育。

1980年10月17日,国务院常务会议通过《关于开展和保护社会主义竞争的暂行规定》(以下简称《规定》)。《规定》指出:“开展竞争必须扩大企业的自主权,尊重企业相对独立的商品生产者的地位。”“开展竞争必须打破地区封锁和部门分割。”

1980年10月30日,国务院发布《关于管理外国企业常驻代表机构的暂行规定》。

二、重大事件

1980年10月2日,中国和日本合资经营的“中国物产(美国)有限公司”在纽约开张营业。这家公司是中国工艺品进出口公司北京市分公司和日本的三一公司各出资一半合资设立的。

1980年10月7日,新华社报道,上海正在形成几个以华东地区为主、面向全国的商品交易中心。

1980年10月10日，经国务院批准，财政部决定在新的所得税法未制定之前，采取措施减轻合作商店和个体经济所得税的负担。

1980年10月17日，四川省广汉县有步骤地改革农村经济管理体制，并开始向农工商综合经济迈进。《人民日报》报道称，广汉县社队集股投资联合办企业，把公社“官办”企业改为“民办”。

1980年10月23日，中国科学院研究员陈春先（他首先提出要在中关村建立“中国硅谷”）等7名科技人员创办了中国第一个民营科技实体——北京等离子体学会先进技术发展服务部。服务部实行“不要国家编制、不要国家投资、自筹资金、自负盈亏、自担风险”的原则，内部分工、管理按照公司模式运作。

1980年10月23日，北京市设立城市建设开发总公司。

三、重要论述

《经济管理》（1980年第10期）刊发薛暮桥的《计划调节与市场调节》。文章中指出，要通过市场调节来实现计划调节。国家要利用经济杠杆：价格政策、税收政策、银行信贷进行调节。

《经济管理》（1980年第10期）刊发马洪的《社会主义经济中的联合与竞争（上）》。文章中指出，经济联合体可能成为我国国民经济的重要组织形式；经济联合应不受行业、地区和所有制、隶属关系的限制；经济联合要从实际出发，采取多种形式。

四、重要数据

新华社报道称，1980年，我国县一级的直接选举工作已经全面展开。全国共有1200个县（不设区的市、市辖区、自治县）正在开展选举活动，610个县已经完成了选举任务，其余900多个县的直接选举工作大部分将在1980年冬季至1981年春季进行。

五、作者观点

【民营经济破茧而出】 民营经济是国民经济的重要组成部分，在改革开放推进中发挥着重要作用。改革开放初期，民营经济是在计划经济体制中艰难成长起来的。1980 年 10 月，被誉为“中关村第一人”的陈春先创办了中国第一个民营科技实体。这在民营经济发展过程中具有开创性意义。

【探索农村集体产权制度改革】 改革的对象——计划经济体制包含着农村集体产权制度。稳推进农村集体产权制度改革，是市场化改革的重要组成部分。农村集体产权改革有多种途径和形式。1980 年 10 月，四川省广汉县改革农村经济管理体制，向农工商综合经济迈进，这是我国改革开放初期推进农村集体产权制度改革的重要尝试。党的十八届三中全会提出要保障农民集体经济组织成员权利，积极发展农民股份合作，赋予农民对集体资产股份的占有、收益、有偿退出及抵押、担保、继承等权利。可见，农村集体产权制度改革仍然在路上。

参考文献

[1]人民日报图文数据库(1946—2018)。

[2]王振川．中国改革开放新时期年鉴(1980)[M]．北京：中国民主法制出版社，2015：624－703.

[3]中华全国工商业联合会，香港经济导报社，中国民(私)营经济研究会．中国私营经济年鉴[M]．北京：中国审计出版社，2005：223.

[4]何东君．中华人民共和国改革开放 30 年年鉴(1978—2008)[M]．北京：新华出版社，2009：93.

[5]国家统计局国民经济综合统计司．新中国 50 年统计资料汇编[M]．北京：中国统计出版社，1999.

[6]中共中央政策研究室．中华人民共和国大事记(1949—2009)[M]．北京：人民出版社，2009.

[7]中国民营经济史·大事记(连载三十六)[N]．中华工商时报，2009－11－29.

[8]中共中央、国务院关于稳步推进农村集体产权制度改革的意见[EB/OL]. 中国政府网, http://www.gov.cn/zhengce/2016 - 12/29/content_5154592.htm.

[9]马洪. 社会主义经济中的联合与竞争(上)[J]. 经济管理,1980(10):19 - 22.

[10]薛暮桥. 计划调节与市场调节[J]. 经济管理,1980(10):5 - 10.

[11]李佐军. 中国改革新思维——改出一个“人本市场经济”[M]. 北京:电子工业出版社,2013:45 - 46.

[12]朱竞若,韩义雷,韩琮林,王赫,刘桂珍,杨彦茹. 中关村:加快建设科技创新中心、引领中国创业走进新时代[N]. 人民日报,2015 - 03 - 03.

[13]卫汉青. 中关村第一人陈春先[J]. 中关村,2018(2):20 - 28.

[14]许长江. 民营经济是深化改革的重要推动力量[N]. 中华工商时报,2014 - 10 - 27.

广州在所有国营财贸单位试行扩大企业自主权
（1980.11）

1980年11月，广州决定在全市所有国营财贸单位试行扩大企业自主权。本月，还相继推出了一系列措施和政策，例如，国务院财贸小组等单位颁布《社会集团购买力管理办法》；国家经委等单位联合印发《工业交通企业挖潜、革新、改造资金试行贷款的暂行规定》；国务院批转国家计委等单位《关于实行基本建设拨款改贷款的报告》；天津市信托投资公司和福州市国际信托服务公司成立；等等。

一、重要文件

1980年11月12日，国家经委等单位联合印发《工业交通企业挖潜、革新、改造资金试行贷款的暂行规定》。决定从1981年起，将国家经委、财政部安排的部分挖潜、革新、改造资金由国家拨款改为试行银行贷款。

1980年11月13日，国务院转发《全国粮食会议汇报提纲》（以下简称《提纲》）。《提纲》对粮食管理体制、油脂管理体制、财务管理体制提出了意见。

1980年11月17日，国务院财贸小组等单位颁布《社会集团购买力管理办法》。对社会集团购买力采取计划管理、指标控制、专项审批、定额供应等办法。

1980年11月18日，国务院批转国家计委等单位《关于实行基本建设拨款改贷款的报告》，决定从1981年起，凡实行独立核算、有还款能力的企业，都应实行基建拨款改贷款的制度。

1980 年 11 月 23 日,中共中央转发山西省委《关于农业学大寨运动中经验教训的检查报告》(以下简称《报告》)。《报告》总结了大寨大队从农业战线先进典型变成执行"左"倾路线典型的教训。

1980 年 11 月 25 日,国务院批转农业部《关于改变口岸动植物检疫所管理体制的报告》。拟将全国 36 个口岸动植物检疫所改为农业部直属单位,实行农业部与地方双重领导以部为主的管理体制。

二、重大事件

1980 年 11 月 1—7 日,第一次全国十大城市商业局长座谈会在武汉召开。座谈会提出了发挥大城市商业经济中心作用的四项建议。

1980 年 11 月 5 日,广州市试行扩大国营财贸企业自主权。新华社报道,广州市决定从现在起全市所有国营财贸单位试行扩大企业自主权。

1980 年 11 月 19 日,国务院决定东方化工厂工程下马。《人民日报》报道,工程下马的主要原因是该建设项目在布局、水源、运输、产品销路等方面存在问题。

1980 年 11 月 30 日,国务院发布《关于紧缩基本建设支出的紧急通知》。从 12 月 1 日起,1980 年基建计划不再追加。

1980 年 11 月,天津市信托投资公司和福州市国际信托服务公司成立。

三、重要论述

《人民日报》(1980 年 11 月 14 日)发表周叔莲的《关于我国国内市场问题》。文章提出,要使产业结构适应国内市场需要,要建立和健全市场发挥作用的机制。

《经济研究》(1980 年第 11 期)刊发何振一和陈令淑的《财政在正确处理积累与消费比例关系中的作用问题初探》。文章指出,要保证财政部门有权根据客观数量界限来确定财政收入。

《经济研究》(1980 年第 11 期)刊发许涤新的《实现四化与生态经济学》。文章指出,搞好经济建设必须遵守自然规律、生态规律和经济规律。

四、重要数据

1980 年,全国计划会议对 1981 年国民经济计划作了调整,基本建设投资由 550 亿元调减为 300 亿元,其中,国家预算内投资由 242 亿元调减为 170 亿元。

五、作者观点

【持续推进扩大企业自主权改革】 我国国企改革起步于放权让利改革。从 1979 年开始实行企业基金制度,1980 年开始推行企业利润分成制度、国有企业流动资金拨改贷制度等。1980 年 11 月,广州市决定在全市所有国营财贸单位试行扩大企业自主权。通过这些改革,国有企业有了一定的生产经营自主权,开始成为独立的利益主体,调动了企业和职工的积极性。

【推动基建"拨改贷"改革】 新中国成立初期,我国基本建设投资均由国家预算无偿拨款,即实行统收统支的财务管理制度。这对从无到有建立工业体系和国民经济体系起到了积极作用。为了明确经济责任,提高投资效率,开始推进"拨改贷"改革。1980 年 11 月,国务院批转国家计委等单位《关于实行基本建设拨款改贷款的报告》就是这方面改革的重要内容。

参考文献

[1]人民日报图文数据库(1946—2018)。

[2]王振川. 中国改革开放新时期年鉴(1980)[M]. 北京:中国民主法制出版社,2015:624 - 703.

[3]中华全国工商业联合会,香港经济导报社,中国民(私)营经济研究会. 中国私营经济年鉴[M]. 北京:中国审计出版社,2005:223.

[4]何东君. 中华人民共和国改革开放 30 年年鉴(1978—2008)[M]. 北京:新华出版社,2009:93.

[5]国家统计局国民经济综合统计司. 新中国 50 年统计资料汇编[M]. 北京:中国统计出版社,1999.

[6]财政改革大事记(1978—1983 年):在改革开放前沿探险开路[EB/OL]. 中华人民共和国财政部,http://www. mof. gov. cn/zhuantihuigu/czgg0000_1/gglc/200811/t2008 1107_88572. html.

[7]中共中央政策研究室. 中华人民共和国大事记(1949—2009)[M]. 北京:人民出版社,2009.

[8]吴晓灵. 中国金融改革大事记[M]. 北京:中国金融出版社,2008:37.

[9]中共中央党史研究室. 中华人民共和国大事记(1949—2009)[M]. 北京:人民出版社,2009:18.

[10]中央财经领导小组办公室. 中国经济发展五十年大事记(1949. 10—1999. 10)[M]. 北京:人民出版社,1999:326 -327.

[11]中国民营经济史·大事记(连载三十六)[N]. 中华工商时报,2009-11-29.

[12]李佐军. 中国改革新思维——改出一个“人本市场经济”[M]. 北京:电子工业出版社,2013:45 -46.

[13]中共中央文献研究室. 陈云传[M]. 北京:中央文献出版社,2005:1599.

[14]何振一,陈令淑. 财政在正确处理积累与消费比例关系中的作用问题初探[J]. 经济研究,1980(11):50 -54.

[15]许涤新. 实现四化与生态经济学[J]. 经济研究,1980(11):15 -19.

章华妹成为中国改革开放后第一个个体工商户（1980.12）

1980 年 12 月，温州卖纽扣的章华妹拿到全国第一个个体工商户营业执照，开启了改革开放后第一次创业大潮。本月，还推出了一系列重要的法规和改革举措，例如，财政部公布《中外合资经营企业所得税法施行细则》《个人所得税法施行细则》；中国煤矿专用设备服务总公司和中国再保险（香港）有限公司开业等。

一、重要文件

1980 年 12 月 9 日，国务院批转《全国城市规划工作会议纪要》。这次全国城市规划工作会议制定了“控制大城市规模，合理发展中等城市，积极发展小城市”的方针。

1980 年 12 月 14 日，财政部发布《中外合资经营企业所得税法施行细则》《个人所得税法施行细则》。

1980 年 12 月 18 日，国务院发布《外汇管理暂行条例》，自 1981 年 3 月 1 日起实施。这是我国第一个比较全面、系统的外汇管理办法。

1980 年 12 月 30 日，国务院批转财政部拟定的《关于进出口商品征免工商税收的规定》。

二、重大事件

1980 年 12 月 11 日，19 岁的温州姑娘章华妹从温州市工商行政管理局领到了标有“工商证字第 10101 号”字样的营业执照，这张营业执照成为改革开放以来，中国第一份个体工商业营业执照，章华妹成为改革开放后中国第一个个体工商户。

1980 年 12 月，中国煤矿专用设备服务总公司在北京成立；由全国六个大型电气制造工厂组成的联合电气公司在北京成立；中国再保险（香港）有限公司开业。

三、重要论述

1980 年 12 月 16 日，陈云在中央工作会议上发表《经济形势与经验教训》的讲话。他指出，改革固然要靠一定的理论研究、经济统计和经济预测，更重要的还是要从试点着手，随时总结经验，也就是要“摸着石头过河”。

《北京大学学报（哲学社会科学版）》（1980 年第 6 期）刊发厉以宁的《论教育在经济增长中的作用》。文章分析了教育在保证一国经济稳定、持续增长，以及有效地解决经济增长过程中发生的或可能发生的各种问题（社会就业、国际收支、收入分配、财政平衡）方面的重要作用。

《经济管理》（1980 年第 12 期）刊发马洪的《关于改革工业企业领导制度的探讨》。文章指出，管理社会化大生产只能有一个权力机构，而不能有几个并列的权力机构。

四、重要数据

据国家统计局统计，1980 年全年国内生产总值为 4517. 8 亿元，比 1979 年增长 7. 8%，其中，第一产业下降 1. 5%，第二产业增长 13. 6%，第三产业增长 5. 9%。全国国有单位完成基本建设投资总额 558. 89 亿元，比 1979 年增长 6. 8%。全国财政收入为 1159. 93 亿元，比 1979 年增长 1. 2%；财政支出为 1228. 83 亿元，比 1979 年下降 4. 1%。1980 年全年商品零售价格总指数上升 6. 0%。全国进出口贸易总额为 381. 4 亿美元，比 1979 年增长 30%。其中，出口 181. 2 亿美元，进口 200. 2 亿美元，分别比 1979 年增长 32. 7% 和 27. 8%。1980 年全年实际利用外资 6. 17 亿美元，比 1979 年增长 37. 4%。社会商品零售总额 2140 亿元，比 1979 年增长 18. 9%。全国职工年平均工资762元,指数为113.2。

"五五"时期(1976—1980年),国内生产总值平均增长速度6.5%,工业总产值平均每年增长9.6%,农业总产值平均每年增长3.2%,财政总收入平均每年增长7.3%,财政总支出平均每年增长8.4%。

截至1980年年底,全国城镇个体工商业的从业人员为80.6万人;我国电力工业已经超额完成全年发电计划且比1979年同期增长6.5%。

五、作者观点

【开放个体经济】 改革开放初期,开放个体经济,也是"危机催生改革"的一个生动例证。假如没有知青回城的压力,严厉封杀个体经济的政策就可能不会这么快地松动。1980年12月,温州姑娘章华妹从温州市工商行政管理局领到了改革开放后中国第一份个体工商业营业执照。从此,全国城乡个体经济蓬勃发展。

【继续推进财税体制改革】 亚当·斯密曾说过:"财政乃庶政之母。"财政是国家治理的基础和重要支柱。1980年12月,国家相关部委颁布了几个财税方面的法律法规,如财政部公布《中外合资经营企业所得税法施行细则》《个人所得税法施行细则》,国务院批转财政部拟定的《关于进出口商品征免工商税收的规定》。这对规范政府与企业、政府与个人的利益关系起到了重要作用。当前,我国还需进一步深化税制改革,助力供给侧结构性改革,服务实体经济发展,促进经济高质量发展。

参考文献

[1]人民日报图文数据库(1946—2018)。

[2]王振川. 中国改革开放新时期年鉴(1980)[M]. 北京:中国民主法制出版社,2015:624-703.

[3]中华全国工商业联合会,香港经济导报社,中国民(私)营经济研究会. 中国私营经济年鉴[M]. 北京:中国审计出版社,2005:223.

[4]何东君. 中华人民共和国改革开放30年年鉴(1978—2008)[M]. 北京:新华出版社,2009:93.

[5]国家统计局国民经济综合统计司．新中国50年统计资料汇编[M]．北京：中国统计出版社，1999.

[6]财政改革大事记（1978—1983年）：在改革开放前沿探险开路[EB/OL]．中华人民共和国财政部，http://www.mof.gov.cn/zhuantihuigu/czgg0000_1/gglc/200811/t2008 1107_88572.html.

[7]中共中央政策研究室．中华人民共和国大事记（1949—2009）[M]．北京：人民出版社，2009.

[8]中国民营经济史·大事记（连载三十六）[N]．中华工商时报，2009-11-29.

[9]李佐军．中国改革新思维——改出一个“人本市场经济”[M]．北京：电子工业出版社，2013：45-46.

[10]厉以宁．论教育在经济增长中的作用[J]．北京大学学报（哲学社会科学版），1980（6）：39-53.

[11]马洪．关于改革工业企业领导制度的探讨[J]．经济管理，1980（12）：16-24.

[12]吴敬琏，马国川．中国经济改革二十讲[M]．北京：生活·读书·新知三联书店，2012：85.

改革开放后的第一次宏观调控
（1981.01）

1981年,我国进行了改革开放后的第一次宏观调控。经过近三年的努力,改革开放暂成潮流:农村联产承包责任制开始大面积普及;城市国有企业改革试点面越来越广。但与此同时,中央财政出现了严重困难。于是本月,国家出台了一系列宏观调控措施,例如,国务院发布《关于平衡财政收支、严格财政管理的决定》《关于切实加强信贷管理严格控制货币发行的决定》《中华人民共和国国库券条例》等。其他一系列改革措施继续推进,例如,国家经委等发布《关于改革外贸运输管理体制问题会议纪要》;国家外汇管理总局决定对进出口贸易和非贸易外汇结算实行两种不同的外汇;等等。

一、重要文件

1981年1月13日,国务院批转教育部《关于高等教育自学考试试行办法的报告》,决定建立高等教育自学考试制度。

1981年1月15日,国家经委等发布《关于改革外贸运输管理体制问题会议纪要》。同意交通部在上海远洋运输分公司实行扩大企业自主权的试点,以及在沿海外贸港口实行政企分开的试点。

1981年1月26日,国务院发布《关于平衡财政收支、严格财政管理的决定》。财力分配和使用采取集中统一的原则,严格财政管理和财经纪律。

1981年1月28日,国务院发布《中华人民共和国国库券条例》。

1981年1月29日,国务院发布《关于切实加强信贷管理严格控制货币发行的决定》。财政资金和信贷资金分口管理;禁止把银行信贷资金移作财政性支出。

二、重大事件

1981 年 1 月 1 日,经国务院批准,国家外汇管理总局决定对进出口贸易和非贸易外汇结算实行两种不同的外汇,即公开的对外牌价和贸易外汇内部结算价。

1981 年 1 月 5 日,全国外国经济专家工作座谈会在北京召开。

1981 年 1 月 22 日,全国外汇工作会议在北京闭幕。会议决定,1981 年要加强外汇管理和信贷管理,努力增收节支,促进国民经济的调整。

1981 年 1 月,全国 15 家百货商店在北京成立经济联合会;中国轻工业机械总公司在北京成立。

三、重要论述

《经济研究》(1981 年第 1 期)刊发于光远的《关于社会主义经济的几个理论问题(续)》。文章指出,经济研究要从自然规律和社会规律两方面来进行。

《价格理论与实践》(1981 年第 1 期)刊发薛暮桥的《关于调整物价和物价管理体制的改革》。文章指出,物价管理体制需要与各种经济改革协调推进。扩大企业自主权决不能仅仅限于利润分成,而应在条件成熟的时候,让企业有调整价格的自主权。

四、重要数据

据《中国经济年鉴(1981)》披露的数据,1979 年我国财政赤字 170 余亿元,1980 年为 120 余亿元。

1981 年 1 月 23 日,《人民日报》报道,1980 年全国城镇建成住宅 7800 万平方米,比 1979 年增长 24.8%;上海市建成住宅 298 万平方米,比 1979 年增长 38%,均为新中国成立以来建成住宅最多的一年。

五、作者观点

【加强和完善宏观调控】 改革开放之初，我国处于短缺经济状态，随着计划控制的放松和价格改革的推进，短缺经济时期所隐藏的隐性通货膨胀压力逐渐释放出来，于是在1981年年初，国家出台了一系列宏观调控措施。宏观调控的目的是为了促进经济的持续健康发展，避免经济的大起大落。宏观调控是一门艺术，需要平衡各方的关系，需要把握好度和时机的选择。在改革中推进宏观调控更是挑战，需要谨防宏观调控妨碍改革的推进。

【各项改革需要协调推进】 改革开放是一场深刻而全面的社会变革，是一个系统工程，每一项改革都会对其他改革产生重要影响，每一项改革又都需要其他改革的协同配合。1981年1月，薛暮桥就提出，物价管理体制需要与各种经济改革协调推进。即便是宏观调控，也需要将财政调控与金融调控结合起来，因此，国务院同时发布了《关于平衡财政收支、严格财政管理的决定》和《关于切实加强信贷管理严格控制货币发行的决定》。

参考文献

[1]人民日报图文数据库(1946—2018)。

[2]王振川. 中国改革开放新时期年鉴(1981)[M]. 北京:中国民主法制出版社,2015:1-81.

[3]吴晓灵. 中国金融改革大事记[M]. 北京:中国金融出版社,2008:40-41.

[4]中共中央政策研究室. 中华人民共和国大事记(1949—2009)[M]. 北京:人民出版社,2009:317-318.

[5]中央财经领导小组办公室. 中国经济发展五十年大事记(1949.10—1999.10)[M]. 北京:人民出版社,1999:330-331.

[6]黄孟复. 中国民营经济史·大事记[M]. 北京:社会科学文献出版社,2009:157.

[7]财政部大事记·1981年大事记[EB/OL]. 中华人民共和国财政部,http://www.mof.gov.cn/pub/bangongting/zhuantilanmu/caizhengbudashiji/

200806/t20080620_47644. html.

[8]李佐军. 中国改革新思维——改出一个“人本市场经济”[M]. 北京:电子工业出版社,2013:007 -008.

[9]财政改革大事记(1978—1983 年):在改革开放前沿探险开路[EB/OL]. 中华人民共和国财政部,http://www. mof. gov. cn/zhuantihuigu/czgg0000_1/gglc/200811/t2008 1107_88572. html.

[10]中国民营经济史·大事记(连载三十七)[N]. 中华工商时报,2009 -12 -02.

[11]孙锦华,夏效兰. 1981 年 1 月经济大事记[J]. 上海经济研究,1981(3):19,62.

[12]于光远. 关于社会主义经济的几个理论问题(续)[J]. 经济研究,1981(1):19 -20.

[13]薛暮桥. 关于调整物价和物价管理体制的改革[J]. 价格理论与实践,1981(1):5 -11.

[14]马国川. 中国在历史的转折点:当代十贤访谈录[M]. 北京:中信出版集团,2013:169 -170.

[15]国防大学中国特色社会主义理论体系研究中心. 凝聚强大合力用好关键一招,推进各项改革协调配套系统集成[N]. 经济日报,2017 -03 -17.

[16]吴晓波. 激荡三十年:中国企业 1978—2008[M]. 北京:中信出版集团,2017:88 -91.

[17]邹东涛. 中国改革开放 30 年[M]. 北京:社会科学文献出版社,2008.

第一个军工企业联合产销民品股份公司成立
（1981.02）

1981年2月，我国第一个军工企业联合产销民品股份公司在江苏南京成立。这是我国第一个打破地区、部门界限，组织军工企业联合产销民用产品的股份公司。

一、重要文件

1981年2月4日，中国人民银行发布《关于贯彻国务院切实加强信贷管理，严格控制货币发行的决定的若干规定》。实行“统一计划、分级管理、存贷挂钩、差额包干”的信贷资金管理体制。

1981年2月18日，国家经委等部委联合发布《关于严格按计划控制石油销售的通知》，要求从销售环节注意节约石油。

1981年2月20日，中共中央、国务院作出《关于加强职工教育工作的决定》（以下简称《决定》）。《决定》提出，要有计划地实行全员培训，建立比较正规的职工教育制度。

1981年2月20日，财政部、国家经委发布《关于国营工业交通企业1981年继续试行利润留成办法的通知》。

1981年2月24日，国务院作出《关于在国民经济调整时期加强环境保护工作的决定》。

二、重大事件

1981 年 2 月 1 日，我国第一个军工企业联合产销民品股份公司在江苏南京成立。这是我国第一个打破地区、部门界限，组织军工企业联合产销民用产品的股份公司。

1981 年 2 月 17 日，邓小平在北京会见由克劳森行长率领的美国美洲银行代表团。

1981 年 2 月 24 日，国家经委在北京召开生产办公会议。会议决定，国家经委将会同国务院有关部门每月召开一次到几次协调会，解决有关原料调拨供应、产品购销等问题。

1981 年 2 月 25 日，国际货币基金组织同意我国政府提出的第一档信用贷款的备用安排。这是我国第一次提出动用特别提款单位。

1981 年 2 月 26 日—3 月 12 日，国家经委和国务院体制改革办公室在北京联合召开工业管理体制改革座谈会。座谈会着重讨论调整时期继续搞好工业企业改组和联合，扩大企业自主权试点的巩固提高工作，整顿和加强企业管理，以及县(市)工业管理体制改革等问题。

三、重要论述

《财务与会计》(1981 年第 2 期)刊发柳标的《企业财务改革要服从调整有利于调整》。文章指出，扩大企业财务自主权必须以经济立法为前提，只讲自主权，不讲经济立法，不可能真正实现经济权力、经济责任和经济利益的三结合。

《人民日报》(1981 年 2 月 25 日)发表社论《对外经济贸易要为调整国民经济服务》。社论提出，要发展生产，继续扩大出口贸易；要加强进口管理和外汇管理工作；要积极慎重地利用外资。

四、重要数据

1981 年 2 月 13 日，据新华社报道，1980 年工业企业改组和联合工作进展顺利。截至 1980 年年底，全国共组建各种专业公司、总厂 1600 多个，参加的企业有16800多个;同时还建立了各种经济联合体1700多个。有些工业部门试办了少数全国性的专业公司。

五、作者观点

【推动军民融合改革】 军民融合发展是一项国家战略,关乎国家安全和经济发展全局。1981年2月,我国第一个军工企业联合产销民品股份公司在江苏南京成立,这是我国第一个打破地区和部门界限,实现军工企业与民用产品联合的股份公司。2015年,习近平总书记首次提出把军民融合发展上升为国家战略,这是我国长期探索经济建设和国防建设协调发展路径的重大成果。

【推动工业管理体制改革】 工业管理体制是一国或地区工业经济有效运行的制度保障。实现工业化,必须建立与之相适应的工业管理体制。我国工业管理体制经历了一个由简至繁、又由繁至简的螺旋式上升过程。我国改革开放前后的工业发展进程显示,工业化进程的快慢在很大程度上取决于工业管理体制的合理和完善程度。早在1957年,国务院就制定了《关于改进工业管理体制的规定》。1981年2月,国家经委和国务院体制改革办公室在北京联合召开工业管理体制改革座谈会,着重讨论工业企业改组和联合、扩大企业自主权试点等问题,就是积极探索工业管理体制改革的重要步骤。

参考文献

[1]人民日报图文数据库(1946—2018)。

[2]王振川. 中国改革开放新时期年鉴(1981)[M]. 北京:中国民主法制出版社,2015:84－156.

[3]中华全国工商业联合会,香港经济导报社,中国民(私)营经济研究会. 中国私营经济年鉴[M]. 北京:中国审计出版社,2005:223.

[4]中共中央政策研究室. 中华人民共和国大事记(1949—2009)[M]. 北京:人民出版社,2009:318－319.

[5]中央财经领导小组办公室. 中国经济发展五十年大事记(1949.10—

1999.10)[M]. 北京:人民出版社,1999:331－332.

[6]李佐军. 中国改革新思维——改出一个“人本市场经济”[M]. 北京:电子工业出版社,2013:008.

[7]王凤标. 习近平领航军民融合:在共建共享中持续推向深入[EB/OL]. 中国经济网,http://www.ce.cn/xwzx/gnsz/szyw/201712/31/t20171231_27505237.shtml.

[8]吴金园. 工业管理体制比较研究[D]. 合肥:合肥工业大学,2009.

[9]柳标. 企业财务改革要服从调整有利于调整[J]. 财务与会计,1981(2):3－6.

撤销国务院财政经济委员会
（1981.03）

1981年3月6日，五届全国人大常委会第十七次会议决定：为了有利于国务院直接管理财政经济工作，提高工作效率，撤销国务院财政经济委员会。

一、重要文件

1981年3月3日，国务院发布《关于加强基本建设计划管理、控制基本建设规模的若干规定》，旨在控制固定资产投资，实行基本建设高度集中统一。

1981年3月8日，中共中央、国务院发布《关于保护森林发展林业若干问题的决定》，要求稳定山权林权，落实林业生产责任制，实行木材集中统一管理。

1981年3月10日，财政部发布《关于国营工业企业试行以税代利的几项规定》，把试点企业原来向国家缴纳的利润，改为征收资源税、收入调节税、所得税、固定资金占用费和流动资金占用费。

1981年3月13日，国务院批准中国银行《办理中外合资经营企业贷款暂行办法》，对中外合资企业的贷款、种类、条件、期限、程序等事项作了明确规定。

1981年3月30日，中共中央、国务院发出通知，批转国家农委《关于积极发展农村多种经营的报告》，强调搞好多种经营是发展商品经济的关键。

二、重大事件

1981 年 3 月 6 日，中共中央转发中国科学院党组《关于中国科学院工作的汇报提纲》。中央同意中国科学院实行财政包干、自行调剂、节余归已、收入留用、财政监督的经费管理办法。

1981 年 3 月 9 日，国务院决定 1981 年发行 40 亿～50 亿元国库券。

1981 年 3 月 27 日，我国各级人民法院加快经济审判庭的建设。经济审判庭承担的使命是“审理经济纠纷案件，通过审判活动，调整生产和流通领域内的经济关系”。

1981 年 3 月，五届全国人大常委会第十七次会议决定设立国务院对外文化联络委员会和国家计划生育委员会；批准设置国务院顾问的决议。

1981 年 3 月，中国重型机械总公司、中国广告联合总公司、中国租赁公司、中国房屋建设开发公司成立。

三、重要论述

《人民日报》(1981 年 3 月 31 日)发表社论《充分发挥中心城市的作用》。《社论》指出，要进一步发挥中心城市的作用，大力发展各种形式的跨部门、跨地区的经济联合，恢复和开辟各种合理的商品生产和流通渠道。

《经济研究》(1981 年第 2 期)刊发薛暮桥的《调整国民经济，搞好综合平衡》。文章指出，在财政收支平衡、物价完全稳定后，我们就有可能来逐步调整价格，缩小物价补贴，使国民经济达到全面的平衡。

四、重要数据

1981 年 3 月 2 日，据《人民日报》报道，我国 1980 年接待了 570 万自费来内地旅游、参观、访友、休养、考察和从事文体科学交流活动的外国人、华侨和港澳台同胞，人数比 1979 年增加 149 万。

1981 年 3 月 21 日，据《人民日报》报道，中国人民银行 1980 年发放中短期设备贷款 35.6 亿元。

五、作者观点

【发挥好中心城市的作用】 城市化是我国现代化的重要内容。中心城市在现代化中发挥着聚集和扩散、辐射和带动、创新和引领的作用。1981 年 3 月,《人民日报》发表了《充分发挥中心城市的作用》社论,提出“进一步发挥中心城市的作用,大力发展各种形式的跨部门、跨地区的经济联合,恢复和开辟各种合理的商品生产和流通渠道”。2017 年,我国城镇化率已达到 58.53%,城市群或城市圈或湾区在区域发展中的作用日益凸显,而中心城市在其中又发挥着突出的作用。

【发挥好法治在改革中的作用】 法治是治国理政的基本方式,也是推进改革开放的基本遵循。《人民日报》于 1981 年 3 月报道了我国各级人民法院加快经济审判庭的建设。经济审判庭的建设,对于我国改革开放之初审理经济纠纷案件,调整生产和流通领域内的经济关系,发挥了重要作用。十八届四中全会通过了《中共中央关于全面推进依法治国若干重大问题的决定》,开启了中国法治建设的新时代。改革有时是对现有不合时宜法规的突破,改革成果只有上升为法律,才真正成为推进经济社会发展的持久动力。

参考文献

[1]人民日报图文数据库(1946—2018)。

[2]王振川. 中国改革开放新时期年鉴(1981)[M]. 北京:中国民主法制出版社,2015:157-246.

[3]何东君. 中华人民共和国改革开放 30 年年鉴(1978—2008)[M]. 北京:新华出版社,2009:93.

[4]国家统计局国民经济综合统计司. 新中国 50 年统计资料汇编[M]. 北京:中国统计出版社,1999.

[5]中华全国工商业联合会,香港经济导报社,中国民(私)营经济研究会. 中国私营经济年鉴[M]. 北京:中国审计出版社,2005:206.

[6]财政改革大事记(1978—1983 年):在改革开放前沿探险开路[EB/

OL]. 中华人民共和国财政部,http://www. mof. gov. cn/zhuantihuigu/czgg0000_1/gglc/200811/t2008 1107_88572. html.

[7]中共中央政策研究室. 中华人民共和国大事记(1949—2009)[M]. 北京:人民出版社,2009:319 - 320.

[8]黄孟复. 中国民营经济史 · 大事记[M]. 北京:社会科学文献出版社,2009:157.

[9]习近平谈依法治国[N]. 人民日报,2016 - 08 - 17.

[10]李佐军. 中国改革新思维——改出一个"人本市场经济"[M]. 北京:电子工业出版社,2013:009 - 010.

[11]邓力群,马洪,武衡. 当代中国的经济体制改革[M]. 北京:中国社会科学出版社,1984:182.

[12]薛暮桥. 调整国民经济,搞好综合平衡[J]. 经济研究,1981(3):26 - 32.

[13]马澎英. 关于经济审判庭的思考[J]. 中财法律评论,2013(6):156 - 165.

[14]李文龙. 区域协调发展带来供给侧改革新动力[N]. 金融时报,2016 - 01 - 12.

正确处理调整和改革的关系
(1981.04)

1981年4月,调整与改革继续在各方面进行,例如,国务院批转国家经委、国务院体改办《关于工业管理体制改革座谈会汇报提纲》,中共中央和国务院批转国家农委《关于积极发展农村多种经营的报告》,国家计委等部门联合作出《关于制止盲目建设、重复建设的几项规定》,中国人民银行发出《关于保险公司管理体制的通知》,等等。

一、重要文件

1981年4月1日,国务院批转国家经委、国务院体改办《关于工业管理体制改革座谈会汇报提纲》。

1981年4月2日,国家计委等部门联合发布《关于制止盲目建设、重复建设的几项规定》。

1981年4月5日,中共中央和国务院批转国家农委《关于积极发展农村多种经营的报告》。要求各部门、各行各业紧密配合,加强农业科技推广工作,加速农业发展。

1981年4月13日,中国人民银行发布《关于保险公司管理体制的通知》。各级保险公司受同级人民银行和总公司的双重领导,业务上由总公司领导为主,实行独立核算。

1981年4月29日,国家统计局发布《关于1980年国民经济计划执行结果的公报》。

二、重大事件

1981年4月3—6日，全国基本建设会议在北京召开。会议着重讨论了贯彻1980年12月中央工作会议精神，继续严格控制基本建设规模的问题。

1981年4月9日，国家经委等部门联合下发通知，决定严格控制钢铁产量，压缩“长线”钢材、增加“短线”钢材。

1981年4月9日，国务院批准设立金昌市，这是我国最大的镍生产基地和铂族贵金属提炼中心。

1981年4月10日，国办转发国家城建总局《关于组织城镇职工、居民建造住宅和国家向私人出售住宅经验交流会情况的报告》。提出城镇私人建造住宅可有四种形式：民建公助、公建民助、互助自建和自筹自建。

1981年4月25日，全国工业交通工作会议召开。会议提出，工交企业也要像农村搞联产责任制那样实行经济责任制。

1981年4月，国务院旅游工作领导小组在北京成立；经国务院批准，上海筹建造船联合公司。

三、重要论述

《企业管理》(1981年第3期)刊发薛暮桥的《正确处理调整和改革的关系》。文章指出，这一次调整是要通过改革改变过去20多年不切实际的高速度、高积累和由此所引起的低效益、低消费的错误方针，挽救严重失调的比例关系。

1981年4月16日，全国经济管理体制改革理论与实践问题讨论会召开。会议提出，要突破部门、地区的界限，发展各种形式的经济联合；要建立多渠道、少环节、开放的商品流通环节等。

四、重要数据

1981年4月9日，据《人民日报》报道，全国基本建设会议数据表明，我国共有592个大中型项目正加紧建设。其中，580项是续建，12项是1981年新开工。1981年国家基建总投资虽然比1980年减少200多亿元，但是大中型轻纺项目的投资基本保持了1980年的水平。

五、作者观点

【处理好调整和改革的关系】 我国渐进式改革的基本经验之一是，在一个相对平稳的状态下推进改革。在改革进程中如何保持经济运行平稳，适时消除潜在风险，始终是决策者必须慎重对待的问题。1981年4月，薛暮桥发表的《正确处理调整和改革的关系》，对调整和改革的关系进行了详细阐述。改革初期，中国在农村改革和非国有经济发展两个方面率先突破，与以改善民生为政策导向的经济调整有着密切关系。在紧缩计划指标的压力下，一些国有企业被迫转向市场寻找出路，不经意间叩开了双轨制的大门，并引入了竞争机制。然而，调整并不能解决发展问题，推动经济有效增长的动力依旧在于改革。历史常常在改革和调整中前行，调整是"稳定器"，改革是"动力源"。

【以改革促经济转型】 经济转型是资源配置方式或经济发展方式的转变，包括发展要素、发展机制、发展路径等的转变。从国际经验看，不论是发达国家还是新兴工业化国家，都是在经济转型升级中实现快速发展。1981年4月召开的全国工业交通工作会议就围绕经济转型提出了一些问题。在当前全球经济大转型的背景下、我国进入新时代的新形势下，我国经济社会发展必须推进包括制度转型、目标转型、动力转型、分配转型、产业转型、区域转型、要素转型和绿色转型等在内的全面转型。可见，经济转型一直伴随着改革开放的进程。

参考文献

[1]人民日报图文数据库(1946—2018)。

[2]王振川．中国改革开放新时期年鉴(1981)[M]．北京：中国民主法制出版社，2015：247－334.

[3]中共中央政策研究室．中华人民共和国大事记(1949—2009)[M]．北京：人民出版社，2009.

[4]中国民营经济史·大事记(连载三十六)[N]．中华工商时报，2009－

11 –29.

[5]孙锦华,夏效兰.1981 年 4 月经济大事记[J].上海经济研究,1981(6):61 –62.

[6]黄孟复.中国民营经济史 · 大事记[M].北京:社会科学文献出版社,2009:158.

[7]中央财经领导小组办公室.中国经济发展五十年大事记(1949.10—1999.10)[M].北京:人民出版社,1999:335.

[8]中共中央政策研究室.中华人民共和国大事记(1949—2009)[M].北京:人民出版社,2009:320.

[9]吴敬琏,马国川.中国经济改革二十讲[M].北京:生活 · 读书 · 新知三联书店,2012:65.

[10]薛暮桥.中国经济的调整与改革[J].世界经济,1981(5):20 –22.

[11]薛暮桥.正确处理调整和改革的关系[J].企业管理,1981(4):9 –13.

[12]杜明军.处理好稳增长、促改革、调结构、惠民生、防风险的关系[N].河南日报,2014 –05 –23.

[13]萧冬连.一九七九年至一九八一年的经济调整研究[J].中共党史研究,2015(9):66 –80.

[14]李佐军.中国改革新思维——改出一个“人本市场经济”[M].北京:电子工业出版社,2013:010.

[15]李佐军.第三次大转型——新一轮改革如何改变中国[M].北京:中信出版集团,2014:Ⅳ.

陈志雄承包鱼塘引发雇工之争
(1981.05)

1981年5月,发生了一件标志性事件——陈志雄承包鱼塘引发雇工之争。当时的《人民日报》二版头条位置发表了一篇题为《一场关于承包鱼塘的争论》的调查报告,并以"怎样看待陈志雄承包鱼塘问题"为总标题,进行了三个月的讨论。

一、重要文件

1981年5月4日,国务院颁布《关于社队企业贯彻国民经济调整方针的若干规定》,对社队企业提出了16项调整和整顿措施。

1981年5月20日,国务院批准实施《中华人民共和国学位条例暂行实施办法》。

1981年5月20日,国家计委等部门发布《贯彻落实国务院有关扩权文件,巩固提高扩权工作的具体实施暂行办法》。提出适当调整过高的企业留利,扩权企业要实行固定资金、流动资金有偿占用等规定。

1981年5月22日,国务院颁布《关于加强医药管理的决定》。提出医药企业和事业单位的产供销、人财物,由国家医药管理总局和省市自治区医药管理局实行统一管理、统一计划、统一规划、统一核算。

二、重大事件

1981年5月11—22日,中国科学院第四次学部大会通过了《中国科学院试行章程》。学部委员大会由原来的咨询性质改为最高决策机构,这是领导体制的重大改革。

1981 年 5 月 20 日,财政部召开全国财政工作座谈会。座谈会讨论了企业财务制度改革等。

1981 年 5 月 21—22 日,中央政法委员会召开北京、天津、上海、广州、武汉五大城市治安座谈会。会议提出,实行全面综合治理,需从政治、经济、文化等方面加强工作。

1981 年 5 月 27 日—6 月 14 日,国务院召开广东、福建两省和经济特区工作会议。会议提出,人民银行要抓紧研究是否要在深圳发行特区货币等问题。

三、重要论述

《经济理论与经济管理》(1981 年第 2 期)刊发马洪的《关于现代化的几点认识》。文章指出,现代化应是整个社会的现代化。这为长远规划提出了方向。

《社会科学辑刊》(1981 年第 2 期)刊发汪海波、吴敬琏、周叔莲的《实现社会主义市场目的的症结何在?》。文章指出,一定的生产目的总是由一定的所有制决定的。既然社会主义国有经济实行双重所有制,与此相适应,国有企业也就具有双重的生产目的。

1981 年 5 月 8 日,陈云发表《提拔培养中青年干部是当务之急》。文章指出,要使大量的中青年干部成为各级党政工作强大的后备力量,做到随时可以从中挑选领导干部。

四、重要数据

1981 年 5 月 26 日,据《人民日报》报道,我国油料连续三年增产:1978 年食油(油料折油)总产量由 1977 年的 16.59 亿公斤上升到 20.67 亿公斤,1979 年达到 24.65 亿公斤,1980 年又上升到 27.63 亿公斤。据估计,1981 年全国食油总产量突破 30 亿公斤是可以预期的。

五、作者观点

【改革需要不断突破旧的思想束缚】 雇工现象是我党在改革初期遇到的一个十分敏感而又极其重要的问题，它一度成为思想理论界关注的焦点。陈志雄承包鱼塘引发的雇工之争，是一个标志性事件，有人形象地称之为"春天的故事"中的一朵耀眼鲜花。如何慎重对待和处理此类问题，使刚刚萌生的私营经济得以生存和发展，解放思想是关键。当前中国改革进入新时代，需要推进新一轮思想解放。

【改革开放是一个系统工程】 改革开放不仅包括经济方面的内容，还包括政治、文化、社会、生态等方面的内容。经济改革与发展需要良好的社会秩序来保障。1981 年 5 月召开的五大城市治安座谈会，意味着经济改革开始触及社会领域。当前，我国改革已进入深水区，更需要将改革当作一个系统工程，深入推进全面改革。

参考文献

[1]人民日报图文数据库(1946—2018)。

[2]王振川. 中国改革开放新时期年鉴(1981)[M]. 北京:中国民主法制出版社,2015:355 -415.

[3]吴晓灵. 中国金融改革大事记[M]. 北京:中国金融出版社,2008:46 -47.

[4]中共中央政策研究室. 中华人民共和国大事记(1949—2009)[M]. 北京:人民出版社,2009.

[5]中国民营经济史·大事记(连载三十七)[EB/OL]. 新浪财经,http://finance. sina. com. cn/roll/20091202/00003131505. shtml.

[6]李佐军. 中国改革新思维——改出一个"人本市场经济"[M]. 北京:电子工业出版社,2013:011 -012.

[7]李佐军. 中国改革需要新思维[N]. 中国经济时报,2013 -06 -25.

[8]财政部大事记(1981)[EB/OL]. 中华人民共和国财政部,http://bgt. mof. gov. cn/zhuantilanmu/caizhengbudashiji/200806/t20080620_47644. html.

[9]柔然．改革开放初期的几场著名争论[J]．党的建设,2008(3):56－57.

[10]吴敬琏,马国川．中国经济改革二十讲[M]．北京:生活·读书·新知三联书店,2012:86.

[11]张吉舜．1979—1983年中国社队企业的调整和整顿[J]．重庆行政(公共论坛),2015(4):59－61.

[12]马洪．关于现代化的几点认识[J]．经济理论与经济管理,1981(2):3－5.

[13]王海波,吴敬琏,周淑莲．实现社会主义市场目的的症结何在?[J]．社会科学辑刊,1981(2):51－61.

[14]黄孟复．中国民营经济史·大事记[M]．北京:社会科学文献出版社,2009:158.

十一届六中全会通过《关于建国以来党的若干历史问题的决议》（1981.06）

1981年6月，十一届六中全会通过《关于建国以来党的若干历史问题的决议》（以下简称《决议》）。《决议》肯定了十一届三中全会以来逐步确立的适合中国情况的建设社会主义现代化强国的正确道路，进一步指明了中国社会主义事业和党的工作继续前进的方向。《决议》还肯定了“一定范围内的劳动者个体经济是公有制经济的必要补充”。

一、重要文件

1981年6月3日，国务院批准国家能源委《关于协助组织石油部超产原油、成品油出口安排问题的报告》，这是我国石油行业包干的开始。

1981年6月3日，国务院批转国家进出口管理委员会《关于当前对外经济贸易如何为国民经济调整服务的报告》并发出通知。

1981年6月12日，国务院体制改革办公室提出《关于调整时期经济体制改革的意见》。强调当前解决国民经济比例严重失调问题，一靠调整，二是靠改革，经济工作要以调整为中心。

1981年6月22日，商业部等部门联合发布《关于对城镇个体工商业户货源供应等问题的通知》，并提出对于国家不供应或供应不足的原材料和货源，经有关部门批准，个体工商业户可到指定市场自行采购。

二、重大事件

1981年6月3日，全国劳动服务公司工作座谈会在陕西西安召开。座谈会提出要鼓励和扶持集体经济和个体经济，大力发展同人民生活有关的各种服务行业和消费品生产。

1981年6月3日，全国物资局长会议结束。会议提出逐步建成一个经济合理的物资经营网，做好物资平衡分配工作，搞活物资流通，提高经济效益。

1981年6月7日，北京在全国率先开办了高等教育自学考试。

1981年6月13日，全国财政工作座谈会在北京召开。座谈会要求各地财政部门贯彻国务院关于平衡财政收支、加强财政管理的八条决定；各地财政部门要自求平衡，量财办事，管好用好各项基金。

1981年6月21日，国务院批转工商行政管理总局向国务院的汇报提纲。提纲指出，个体工商业的从业人员是劳动者，政治上不得歧视他们。他们的正当经营和收入，应当受到保护，任何单位和个人不得乱加干涉和限制。

1981年6月，福建同日本日立公司合资兴办的福建日立电视机有限公司正式开始生产，这是1981年唯一在我国开工的中外合资公司。

三、重要论述

《人民日报》(1981年6月2日)发表薛暮桥的《从宏观经济看怎样提高经济效果》。文章指出，从根本上提高经济效果，必须进行经济管理体制改革。需从经济结构调整的宏观层面和改善企业经营管理的微观层面着手。

《经济研究》(1981年第6期)刊发桂世镛和周叔莲的《论经济调整的目标、阶段和措施》。文章指出，要完善扩大企业自主权的改革；要把企业的改组和联合放在重要位置；要充分运用税收杠杆和其他经济杠杆。

四、重要数据

1981年6月6日，据《人民日报》报道，全国共有省以下城市220个，其中省辖市107个，有建制的镇和县城3228个，其中人口1万人以上的城镇

1400个,5万人以上的120多个。

1981年6月15日,据《人民日报》报道,国家统计局对15914名农户社员的调查说明,1980年社员家庭副业发展较快,平均每人纯收入62.6元,比1979年增长42.2%。

1981年6月22日,据《人民日报》报道,1980年农村集体商业网点有16.1万个,营业额66.6亿元,比1979年增加17.9%,并在两年内安排40万人就业。

五、作者观点

【总结历史是为了开辟未来】　当改革开放在各个方面逐步展开后,如何看待新中国成立以后党的历史,如何评价“文化大革命”,如何评价毛泽东和毛泽东思想的历史地位?成为当时中国政治生活中的一个大问题。正是在此背景下,《关于建国以来党的若干历史问题的决议》(以下简称《决议》)出台。《决议》澄清了当时很多模糊认识,减少了分歧,增加了共识,扫清了后来改革开放的很多障碍。此外,《决议》还肯定了“一定范围内的劳动者个体经济是公有制经济的必要补充”。这意味着正式承认了个体经济的合法性。对民间创业活动紧闭的大门慢慢地被挤开了一条缝隙。1981年年底,全国城镇个体经济从业人员达到227万,比1980年翻了一番多。

【推动教育体制改革】　教育是提高人民综合素质、促进人的全面发展的重要途径,是民族振兴、社会进步的重要基石。教育体制改革对于促进我国教育和科学事业发展意义重大。需要在人才培养体制、考试招生制度、办学体制、管理体制和扩大教育开放等方面进行推动。1981年6月7日,北京在全国率先开办了高等教育自学考试。可以说,高等教育自学考试制度是我国高等教育事业的一座重要里程碑,开拓了我国高等教育的新领域,为更多的人,尤其是为社会弱势人群提供了平等的接受高等教育的机会。

参考文献

[1]人民日报图文数据库(1946—2018)。

[2]王振川. 中国改革开放新时期年鉴(1981)[M]. 北京:中国民主法

制出版社,2015:416-492.

[3]何东君. 中华人民共和国改革开放30年年鉴(1978—2008)[M]. 北京:新华出版社,2009:94-95.

[4]中华全国工商业联合会,香港经济导报社,中国民(私)营经济研究会. 中国私营经济年鉴[M]. 北京:中国审计出版社,2005:206.

[5]中共中央政策研究室. 中华人民共和国大事记(1949—2009)[M]. 北京:人民出版社,2009:322.

[6]中国民营经济史·大事记(连载三十七)[N]. 中华工商时报,2009-12-02.

[7]李佐军. 中国改革新思维——改出一个“人本市场经济”[M]. 北京:电子工业出版社,2013:012.

[8]吴敬琏,马国川. 中国经济改革二十讲[M]. 北京:生活·读书·新知三联书店,2012:85.

[9]吴晓波. 激荡三十年:中国企业1978—2008[M]. 北京:中信出版集团,2017:96.

[10]吴晓灵. 中国金融改革大事记[M]. 北京:中国金融出版社,2008:47.

[11]薛暮桥. 从宏观经济来看怎样提高经济效果[J]. 经济理论与经济管理,1981(6):1-4.

[12]桂世镛,周叔莲. 论经济调整的目标、阶段和措施[J]. 经济研究,1981(6):9-17.

国企改革的先锋试验——首钢实行承包制（1981.07）

1981 年 7 月，首钢率先实行承包制，成为我国国企改革试验的先锋。在国务院和北京市政府的支持下，首钢改变了之前实行的国家与企业之间分成的办法，实行承包制，即全年上缴利润 2.7 亿元定额包干，超过部分利润全部留给企业，并按照 4∶3∶3（生产发展基金、集体福利基金、个人消费基金）的比例分配使用。

一、重要文件

1981 年 7 月 7 日，国务院发布《关于城镇非农业个体经济若干政策性规定》。明确指出，个体经济是国营经济和集体经济的必要补充。个体经营户，技术性较强或者有特殊技艺的，可以带两三个最多不超过五个学徒。

1981 年 7 月 11 日，财政部发布《关于对工业公司试行增值税和改进工商税征税办法的通知》。

1981 年 7 月 11 日，国办转发林业部《关于稳定山权林权落实林业生产责任制情况简报》并发出通知。

1981 年 7 月 13 日，中共中央、国务院批转全国总工会等部门制定的《国营工业企业职工代表大会暂行条例》，通知各地有准备地建立职代会制度。

1980 年 7 月 28 日，国务院煤代油办公室和国家计委发布《关于设立以煤代油专用资金的暂行办法》。煤代油专用资金是通过压缩国内用油部分用于出口,所得净收益作为发展能源、交通的专用资金。

二、重大事件

1981 年 7 月 3 日,中国人民银行发布 1980 年全国金融统计数字公告。从 1981 年开始定期发表全国金融统计数字。当日,中国人民银行通过《中国金融》(1981 年第 7 期)发布了 1980 年全国金融统计数字。

1981 年 7 月 4 日,中国租赁有限公司(下称“中租公司”)在北京开业。中租公司是由原中国国际信托投资公司与原国家物资总局共同组建的全国性综合类融资租赁企业,是首家全国性金融租赁公司。

1981 年 7 月 25 日,商业部发出通知,要各地商业部门积极进行经营责任制改革试点。

1981 年 7 月 31 日,国务院批准国家体改办《关于湖北省沙市经济体制改革综合试点报告》。沙市是我国第一个经济体制改革综合试点城市。

三、重要论述

《经济研究》(1981 年第 7 期)刊发马洪的《关于经济管理体制改革的几个问题》。文章指出,现阶段我国是有计划的商品经济。我国经济体制总的轮廓有五点:扩大企业自主权;搞多种形式的经济联合体,建立行业组织;发展经济中心;改变行政管理机关的职能。

四、重要数据

1981 年 7 月 8 日,据《光明日报》报道,据国家统计局统计,1981 年上半年全国工业总产值为 2,486.7 亿元,比 1980 年同期增长 0.8%;轻工业产值达 1,252 亿元,比 1980 年同期增长 11.6%,轻工业在工业总产值中所占的比重,由 1980 年的 46.9% 上升到 1981 年上半年的 50.4%;重工业产值比 1980 年同期下降 8.2%。

五、作者观点

【国企改革从承包制起步】 改革初期，国有企业是国民经济的支柱。国有企业改革是经济体制改革的中心环节。国企改革始于扩权让利试点，首钢是当时首批试点单位之一。1981 年 7 月，首钢率先实行承包制，成为我国工业企业改革的一面旗帜。当前，我国国企改革还有许多问题待解，国企改革仍然任重道远。

【启动信息公开制度改革】 信息公开制度对于提高政府工作的透明度，促进依法行政，充分发挥政府信息对人民群众生产、生活和经济社会活动的服务作用，意义重大。1981 年 7 月，中国人民银行发布了 1980 年全国金融统计数字公告。这是我国首次发布全国金融统计数字，是信息公开制度改革的重要尝试。政府信息公开制度，是社会主义民主制度的重要组成部分，还需要我们在已有实践的基础上不断摸索、不断前进。

参考文献

[1]人民日报图文数据库(1946—2018)。

[2]王振川．中国改革开放新时期年鉴(1981)[M]．北京:中国民主法制出版社,2015:493 -569.

[3]1981 年中国大事记[EB/OL]．中国网,http://www.china.com.cn/news/zhuanti/zgztk/2008 -12/04/content_16896792_3.htm.

[4]中共中央政策研究室．中华人民共和国大事记(1949—2009)[M]．北京:人民出版社,2009:322 -324.

[5]李佐军．中国改革新思维——改出一个“人本市场经济”[M]．北京:电子工业出版社,2013:012.

[6]黄孟复．中国民营经济史·大事记[M]．北京:社会科学文献出版社,2009:159 -160.

[7]吴晓灵．中国金融改革大事记[M]．北京:中国金融出版社,2008:48 -49.

[8]马洪．关于经济管理体制改革的几个问题[J]．经济研究，1981(7)：11－24.

[9]首钢新闻中心：首钢成为北京市国有企业深化改革综合试点[EB/OL]．搜狐网，http://www.sohu.com/a/213191726_778846.

[10]曲辉．国企改革的先锋试验——首钢的承包制[EB/OL]．http://www.e521.com/cksw/alfx/384528.shtml.

邓小平首次提出“一国两制”
（1981.08）

1981年8月，邓小平在北京会见港台知名人士傅朝枢时，首次公开提出解决台湾、香港问题的“一国两制”构想。

一、重要文件

1981年8月5日，国务院批转全国供销合作总社《关于当前农副产品收购几个问题的报告》并发出通知。要求推行合同制度。统购、派购、议购的产品，都应当由主管的收购单位同生产单位协商签订合同。

1981年8月8日，国务院批转《关于工业品生产资料市场管理暂行规定》并发出通知。

1981年8月10日，国务院批转国家物价总局等8个单位制定的《农副产品议购议销价格暂行管理办法（草案）》，旨在加强农副产品议购议销价格的管理，平抑集市价格，保持市场物价基本稳定。

1981年8月10日，国家外汇管理总局公布《对外汇、贵金属和外汇票证等进出国境的管理施行细则》。规定对入境人员携带外汇进入中国国境，数量不受限制，但是，必须向入境地海关申报。

1981年8月12日，国务院批转财政部《关于工业企业自销产品征收工商税和利润处理的规定》并发出通知。通知规定，工业企业按规定自销的产品，不论是否设立自销门市部，其自销产品所实现的利润，均应如数并入企业利润总额，并按国家规定计提企业基金或利润留成资金，其余部分应上缴财政。

二、重大事件

1981年8月20日，财政部决定在机器机械、农业机具、日用机械行业试行增值税。试行增值税的产品，不再缴纳工商税。试行增值税，是改革税制的一个重要步骤。

1981年8月22日，国务院在北京召开全国工业交通工作座谈会。会议中指出，工交战线实行经济责任制，对于克服长期以来吃"大锅饭"和平均主义的弊病，调动企业和职工的积极性，起着积极作用。

1981年8月29日，中央财经领导小组听取和讨论国家计委《关于第六个五年计划和1982年计划控制数字》的汇报。汇报提出，第六个五年计划的主要任务是争取国家财政经济情况的根本好转。

1981年8月，我国第一家打破部门和地区界限的造船联合企业——上海船舶工业公司正式成立；中国包装总公司在北京成立；中国对外贸易广告协会在北京成立。

三、重要论述

《人民日报》（1981年8月9日）发表社论《发挥城镇个体经济的补充作用》（以下简称《社论》）。《社论》指出，要根据实际需要，制定发展个体经济的规划，解决它们在发展中遇到的问题。

《人民日报》（1981年8月19日）发表社论《发挥税收在国民经济中的杠杆作用》（以下简称《社论》）。《社论》指出，要根据鼓励与限制政策，调节进出口商品的税负，用税收来调节外国企业和外国人在我国境内取得的各种收入。

《求索》（1981年第4期）刊发周叔莲、吴敬琏、汪海波的《关于社会主义全民所有制经济的几个问题》。文章指出，完善全民所有制的根本出路在于坚持国家所有制的基础上进行体制改革。要注意挖掘和发挥国营经济的潜力；要认真研究经济管理体制的运行机制。

四、重要数据

1981 年 8 月 6 日,全国农村存款工作会议在北京闭幕。会议提供的情况表明,农村储蓄事业前景极为广阔。1980 年年底,全国市场货币流通量为 346.2 亿元,农民手持现金约有 210 亿元,占市场货币流通量的 60.7%。1981 年 6 月底,全国农村储蓄存款达 183 亿元,比 1980 年年底增加 34 亿元,农村每人储蓄达 22.37 元。

五、作者观点

【财税改革发挥着突破口的作用】 财政是国家治理的基础和重要支柱。改革开放以来,财税体制改革始终承担着“先行军”的使命,发挥着突破口的作用。1981 年 8 月,财政部决定在三种机械行业试行增值税,试行增值税的产品,不再缴纳工商税。这是我国财税体制改革的一次重要尝试。当前,我国财税体制还存在不足,一些深层次矛盾逐渐显现,改革财税体制还有很多工作要做。

【对外开放离不开外汇管理体制改革】 1981 年,我国对外汇管理体制进行了一系列改革。1981 年 1 月,国家外汇管理总局决定对进出口贸易和非贸易外汇结算实行两种不同的外汇,即公开的对外牌价和贸易外汇内部结算价。1981 年 8 月,国家外汇管理总局公布《对外汇、贵金属和外汇票证等进出国境的管理施行细则》,对入境人员携带外汇进入中国国境,数量不受限制,但必须向入境地海关申报。这些改革举措促进了当时的对外开放。

参考文献

[1]人民日报图文数据库(1946—2018)。

[2]王振川. 中国改革开放新时期年鉴(1980)[M]. 北京:中国民主法制出版社,2015:570-644.

[3]1981 年中国大事记[EB/OL]. 中国网,http://www.china.com.cn/news/zhuanti/zgztk/2008-12/04/content_16896792_3.htm.

[4]黄孟复. 中国民营经济史·大事记[M]. 北京:社会科学文献出版社,2009:324.

[5]李佐军. 中国改革新思维——改出一个“人本市场经济”[M]. 北京:电子工业出版社,2013:012-013.

[6]周叔莲,吴敬琏,汪海波. 关于社会主义全民所有制经济的几个问题[J]. 求索,1981(4):12-22.

[7]1981年经济大事记[EB/OL]. 网易财经,http://money.163.com/09/0901/19/5I5BKE3D00253JPG.html.

[8]高培勇. 财税改革是全面深化改革的关键[N]. 人民日报,2014-07-03.

[9]易纲. 外汇管理改革:一项重要而紧迫的任务[J]. 求是,2014(1):25-27.

国务院建立技术经济研究中心
（1981. 09）

1981年9月1日，国务院建立技术经济研究中心。据《人民日报》报道，国务院继1980年8月建立经济研究中心之后，1981年5月又正式建立了技术经济研究中心。一批懂经济、懂技术、了解国民经济全局的社会科学和自然科学专家进入中南海。技术经济研究中心由马洪负责。国务院发展研究中心的前身是国务院经济研究中心、技术经济研究中心和价格研究中心。1985年6月29日，三个中心合并为国务院经济技术社会发展研究中心（简称国务院发展研究中心）。

一、重要文件

1981年9月5日，国务院批转外国投资管理委员会关于《国际信托投资工作座谈会纪要》。提出首先要把已成立的省、市、自治区一级信托投资公司办好。

1981年9月5日，国务院批转财政部《关于改革工商税制的设想》。明确了税制改革的指导思想、原则及内容，提出把现行工商税制分为产品税、增值税、营业税和盐税四种；开征资源税、利润调节税；对国营企业征收所得税；健全涉外税种等设想。

1981年9月9日，国务院批转经济法规研究中心《关于加强经济立法工作的几点建议》。提出从领导、机构、人才培养和宣传、教育等方面加强经济立法工作。

1981 年 9 月 9 日,中国人民银行发布《关于城镇集体、个体社会服务行业贷款暂行规定》。

二、重大事件

1981 年 9 月 2 日,西北五省(区)二轻工业技术经济协作网正式建立。会上决定,五省(区)先在皮革、塑料、五金、服装、鞋帽、工艺美术六个行业开展协作。

1981 年 9 月 13 日,农垦部和财政部召开全国国营农场财务工作会议。会议制定完善财务包干的四项措施。

1981 年 9 月 18 日,全国农业财务工作会议在江西九江召开。会议提出,当前要加强和改进财政支农工作,提高资金使用效果,促进农业生产全面发展。

1981 年 9 月,我国最大的石油化纤联合企业——辽阳石油化纤总公司全面试生产;我国第一家工贸结合的公司——中国金山联合贸易公司成立;中国出版对外贸易总公司成立;中国国际交流协会成立。

三、重要论述

《计划经济研究》(1981 年第 44 期)刊发薛暮桥的《计划管理体制改革的重要环节——薛暮桥在全国计划会议上的书面发言》。文章中指出,不应当放松对体制改革的大方向的研究,制定整体规划和前进的步骤,避免无计划的单项改革。

《人民日报》(1981 年 9 月 23 日)发表社论《实行经济责任制,注意解决新问题》。社论中指出,实行经济责任制,实质上就是解决国家与企业的关系;实行盈亏责任制,解决企业与个人的关系;实行按劳分配,即把责任和经济利益联系起来,做到权责利统一。

四、重要数据

1981 年 9 月 12 日,《人民日报》发表民政部部长程子华的《关于全国县级直接选举工作的总结报告》。《报告》提到,全国县级直接选举工作,经过 1979

年下半年和1980年上半年两次试点，于1980年下半年全面铺开；到1981年8月，在全国2756个县级单位中，已有2368个单位完成了选举工作。

五、作者观点

【发挥立法对改革的引领和推动作用】 在经济社会发展中，改革提供动力，法治提供保障，而立法是法治的前提和基础。1981年9月，国务院批转经济法规研究中心《关于加强经济立法工作的几点建议》，提出从领导、机构、人才培养和宣传、教育等方面加强经济立法工作。这对当今的改革仍然具有启发意义。

【税制改革是经济体制改革的重要内容】 税收是调节政府与企业、企业与企业、中央与地方等各主体利益关系的主要工具，税制改革在经济体制改革中发挥着重要作用。1981年9月，国务院批转财政部《关于改革工商税制的设想》，明确了税制改革的指导思想、原则及内容。此前不久还推出了《中外合资经营企业所得税法》《个人所得税法》等。这些税制改革对促进当时的经济发展起到了重要作用。

参考文献

[1]人民日报图文数据库(1946—2018)。

[2]王振川. 中国改革开放新时期年鉴(1981)[M]. 北京:中国民主法制出版社,2015:645－721.

[3]中华全国工商业联合会,香港经济导报社,中国民(私)营经济研究会. 中国私营经济年鉴[M]. 北京:中国审计出版社,2005:207.

[4]中共中央政策研究室. 中华人民共和国大事记(1949—2009)[M]. 北京:人民出版社,2009:325.

[5]吴晓灵. 中国金融改革大事记[M]. 北京:中国金融出版社,2008:50.

[6]夏效兰. 1981年9月经济大事记[J]. 上海经济研究,1981(11):60－61.

[7]李佐军. 中国改革新思维——改出一个“人本市场经济”[M]. 北

京:电子工业出版社,2013:45 - 46.

[8]薛暮桥. 计划管理体制改革的重要环节——薛暮桥在全国计划会议上的书面发言[J]. 计划经济研究,1981(44):1 - 13.

[9]中共中央文献研究室. 陈云传[M]. 北京:中央文献出版社,2005:1615 - 1616.

[10]乔晓阳. 发挥立法对改革的引领和推动作用[N]. 人民日报,2016 - 07 - 19.

扩大企业自主权改革在城市全面展开
（1981.10）

1981 年 10 月，国务院批转《关于实行工业生产经济责任制若干问题的意见》，扩大企业自主权改革在城市全面展开，我国最早一批明星企业家，就是在这个新制度中孕育出来的。

一、重要文件

1981 年 10 月 17 日，中共中央、国务院发布《关于广开门路，搞活经济，解决城镇就业问题的若干规定》，指出今后要着重开辟在集体经济和个体经济中的就业渠道，并增加自谋职业的渠道。“个体户”此后成为一个新阶层。

1981 年 10 月 29 日，国务院批转国家经委、国务院体改办制定的《关于实行工业生产经济责任制若干问题的意见》并发出通知。通知指出，工业生产经济责任制必须进一步发展和完善，不仅要和利润挂钩，而且要和产量、质量、品种、成本等挂钩。城镇国有和集体企业从此纷纷出现“承包制”。

1981 年 10 月，中国人民银行发布《关于城镇集体工业、个体手工业贷款的若干规定》（以下简称《规定》）。《规定》提出，集体工业企业的自有流动资金要逐步达到额定流动资金年度平均数的 70% 左右。

二、重大事件

1981 年 10 月 21 日，全国农业工作会议结束。会议强调，坚持农业生产责任制长期不变，坚持集体化方向不变，搞包干到户、包产到户是责任制的一种形式,要保护好现有的集体财产。

1981 年 10 月 25 日,全国财政厅局长会议结束。会议建议,从上到下建立综合财政、信贷计划,以便在宏观方面做到人财物的综合平衡。

1981 年 10 月,提出外贸体制改革设想。“两委”(国家进出口管理委员会和国家外国投资管理委员会)和外贸部向中央财经领导小组提出外贸体制改革设想:下放外贸经营权、扩大贸易渠道,开展多种形式的工贸结合试点、改善行政管理,推行进出口代理制,改革外贸计划体制和外贸财务体制等。

1981 年 10 月,中国食品工业协会成立(我国第一个行业性管理组织);中国国际经济咨询公司成立(由中国国际信托投资公司发起成立)。

三、重要论述

《经济与管理研究》(1981 年第 5 期)刊发宋汝纪和曹凤岐的《如何建立我国中央银行体制》。文章指出,只有建立中央银行体制,以中央银行为中心,以经营各种信贷业务分工协作的专业银行相配合,才能有效地利用货币、信贷和利率等经济杠杆来调节经济。

《经济理论与经济管理》(1981 年第 5 期)刊发赵履宽和王子平的《论社会主义条件下劳动力的个人所有制——兼论劳动者的职业选择权》。文章指出,从发展上看,我们必须逐步扩大企事业单位和劳动者个人的决策权,允许劳动力和人才的合理流动。

四、重要数据

根据国家统计局统计的 1980 年年末人口数量是 98255 万人,加上台湾地区人口数量,我国人口已超过 10 亿,约占世界人口的 22%。1979 年,我国出生人口为 1700 多万人,与 1970 年出生数相比少生了 1000 多万人。1979 年,我国人口出生率为 17.9‰,死亡率 6.2‰,自然增长率为 11.7‰。

五、作者观点

【全面推进扩大企业自主权改革】 扩大企业经营自主权改革的目的在于提高企业效率和效益,增强企业活力。1981 年 10 月,国务院批转《关于实行工业生产经济责任制若干问题的意见》,以“减税、让利、扩权”为核心的扩大企业自主权改革在城市全面展开。自此,城镇国有和集体企业纷纷实行“承包制”,我国最早一批明星企业家,就是在这个新制度中孕育出来的。扩大企业自主权改革从传统计划经济体制中打开了一个重要缺口,不断地孕育出市场经济的新芽。

【外贸体制改革是对外开放的动力】 外贸体制改革是我国经济体制改革的重要组成部分,对整个对外开放发挥了重要作用。1978 年至今,外贸体制改革大体经历了五个阶段:1979—1987 年的探索阶段;1988—1990 年的整体推进阶段;1991—1993 年的攻坚阶段;1994—2000 年的继续深化阶段;2001 年加入世贸组织以来的贸易自由化阶段。1981 年 10 月,“两委”和外贸部提出的外贸体制改革设想,是我国外贸体制改革的重要一步。我国外贸体制改革 40 年来所取得的成就提供了世界范围内转型经济体成功实现贸易自由化的范例。

参考文献

[1]人民日报图文数据库(1946—2018)。

[2]王振川. 中国改革开放新时期年鉴(1981)[M]. 北京:中国民主法制出版社,2015:722 - 793.

[3]中国民营经济史·大事记(连载三十七)[EB/OL]. 新浪财经,http://finance. sina. com. cn/roll/20091202/00003131505. shtml.

[4]李佐军. 中国改革新思维——改出一个“人本市场经济”[M]. 北京:电子工业出版社,2013:014 - 015.

[5]中央财经领导小组办公室. 中国经济发展五十年大事记(1949. 10—1999. 10)[M]. 北京:人民出版社,1999:326 - 327.

[6]《当代中国》丛书编辑部编. 当代中国的对外贸易(上)[M]. 北京:当代中国出版社,1992:42.

[7]夏效兰. 1981 年 10 月经济大事记[J]. 上海经济研究,1981(12):61 - 62.

[8]吴晓波. 激荡三十年:中国企业 1978—2008[M]. 北京:中信出版集

团,2017:91.

[9]中华全国工商业联合会,香港经济导报社,中国民(私)营经济研究会. 中国私营经济年鉴[M]. 北京:中国审计出版社,2005:207.

[10]王绍华. 对集体企业建立“贷款保证金存款”的新尝试[J]. 财会通讯,1986(1):48.

[11]吴晓灵. 中国金融改革大事记[M]. 北京:中国金融出版社,2008:51.

[12]中央财经领导小组办公室. 中国经济发展五十年大事记(1949.10—1999.10)[M]. 北京:人民出版社,1999:340-341.

[13]赵履宽,王子平. 论社会主义条件下劳动力的个人所有制——兼论劳动者的职业选择权[J]. 经济理论与经济管理,1981(10):49-56.

[14]黄孟复. 中国民营经济史·大事记[M]. 北京:社会科学文献出版社,2009:160.

我国第一个跨行业大型企业联合体成立
（1981.11）

1981年11月，我国第一个跨行业大型企业联合体——上海高桥石油化工公司成立，这是国有企业联合重组的第一个重大改革成果。

一、重要文件

1981年11月9日，国家经委和国家计委讨论《关于抓好小商品生产供应的意见》，提出要提高认识，放宽政策，疏通渠道，调整税收和价格，扶植保护小商品和中小农具的供应。

1981年11月11日，国务院批转国家经委等部门制定的《关于实行工业生产经济责任制若干问题的暂行规定》，提出实行经济责任制的企业，必须保证全面完成国家计划，保证财政上交任务。

1981年11月26日，全国人大常委会关于授权广东及福建省人民代表大会及其常务委员会制定所属经济特区的各项单行经济法规的决议。

二、重大事件

1981年11月6日，据《人民日报》报道，林业部采取四项措施，保护森林资源，防止生态恶化。提出国家应加强对林业经济扶持，建立、健全国家保护和发展林业基本制度。

1981年11月10日，“北京酸豆乳”制作技术将在日本开花结果。这是我国第一个向国外出口的食品科技成果。

1981年11月24日，国务院批准中国国际信托投资公司在日本发行日元私募债券100亿日元。这是我国首次在国外发行债券。

1981年11月30日，五届全国人大四次会议上，国务院政府工作报告提出经济建设十条方针。

三、重要论述

《中国社会科学》(1981年第6期)刊发冯兰瑞和赵履宽的《当前我国城镇劳动者的就业问题》。文章指出，劳动就业工作同我国整个经济工作的政策和体制是分不开的，要加强财政、银行信贷、税收、价格等方面的工作和有关体制改革；要放宽政策，发展个体工商业。

1981年11月25日，陈云在中共中央政治局扩大会议上提出："计划经济和市场经济两者的关系是主要方面和从属方面的关系，计划经济起主要作用，市场调节还是从属于计划经济。"

四、重要数据

1981年11月30日，在五届全国人大四次会议上，《当前的经济形势和今后经济建设的方针》政府工作报告提出，1979年财政赤字为170亿元，1980年为127亿元，预计1981年降低到27亿元；1981年轻纺工业的总产值预计比1980年增长12%；由于调整，重工业生产1981年产值预计比1980年下降5%左右；1979年以来共安排2000多万人就业；消费在国民收入中的比重由1978年的63.5%上升到1981年的70%左右；与1980年同期相比，工业总产值1981年第一季度下降0.2%，第二季度增长1.7%，第三季度增长3%，10月份增长了10.6%。1980年同完成经济恢复的1952年相比，工农业总产值增长8.1倍，国民收入增长4.2倍，工业固定资产增长26倍，全国人民的平均消费水平提高一倍。

五、作者观点

【深化劳动就业体制改革】 劳动力是重要的生产要素，是国民经济持续、快速、健康增长的动力。我国劳动就业体制改革伴随经济体制改革起步，农村因家庭联产承包责任制而打开局面，城镇则是在面临巨大就业高峰情况下进行了体制突破。1981年，我国报纸上出现频率最高的两个词是“三产”和“停薪留职”，国家鼓励国营企业搞“三产”和“停薪留职”以扩大就业渠道。1981年11月，冯兰瑞和赵履宽在《当前我国城镇劳动者的就业问题》文章提出，劳动就业工作同我国整个经济体制是分不开的，需要加强财政、银行信贷、税收、价格等方面的体制改革。

【生态环境保护也是改革】 十一届三中全会党和国家将工作重心转移到经济建设上，与此同时，生态保护工作也逐步开展：1978年《宪法》第一次提出保护环境和自然资源、防治污染等内容，环境保护正式入宪；1978年十一届三中全会主题报告中，将包括《森林法》《草原法》《环境保护法》等在内的各项法律提上了制定日程；1979年国务院出台《森林法（试行）》和《环境保护法》，环境保护开始成为我国的一项基本国策；1981年11月，林业部采取四项措施，保护森林资源，防止生态恶化。生态保护看似与改革开放无关，其实关系密切。计划经济体制重产出不重节约，而市场经济体制则重效率重节约。加强生态保护有利于节约资源、保护生态环境，与市场化改革的要求是吻合的。

参考文献

[1]人民日报图文数据库（1946—2018）。

[2]王振川．中国改革开放新时期年鉴（1980）[M]．北京：中国民主法制出版社，2015：794－861.

[3]中共中央政策研究室．中华人民共和国大事记（1949—2009）[M]．北京：人民出版社，2009：327－328.

[4]中共中央文献研究室．陈云文集（第3卷）[M]．北京：中央文献出版社，2005：494.

[5]中国经济网．大事记（1981）[EB/OL]．中国经济网，http://views.ce.cn/subject/gg/1981/index.shtml.

[6]冯兰瑞，赵履宽．当前我国城镇劳动者的就业问题[J]．中国社会科学，1981(6)：190－201.

[7]吴晓灵. 中国金融改革大事记[M]. 北京:中国金融出版社,2008:51-52.

[8]宋晓梧. 构建共享型社会——中国社会体制改革40年[M]. 广州:广东经济出版社,2017:84-91.

[9]李佐军. 中国改革新思维——改出一个"人本市场经济"[M]. 北京:电子工业出版社,2013:014-015.

推进改革与加强立法并行
（1981.12）

1981 年 12 月，五届全国人大四次会议通过《中华人民共和国经济合同法》和《中华人民共和国国外企业所得税法》，分别于 1982 年 7 月 1 日和 1982 年 1 月 1 日起实施，这是我国改革开放和法制建设的一件大事。

一、重要文件

1981 年 12 月 6 日，国务院批转《关于实行工业生产经济责任制若干问题的暂行规定》，指出经济责任制是在国家计划指导下以提高经济效益为目的，责、权、利紧密结合的生产经营管理制度，并要求加强宏观指导和必要监督，促进生产发展。

1981 年 12 月 26 日，财政部、国家经委颁发《关于国营工交企业实行利润留成和盈亏包干办法的若干规定》。

1981 年 12 月 28 日，国务院同意并批转国家进出口委、国家计委《关于部分物资计划外出口实行许可证办法的请示报告》。报告提出，划出 11 类紧缺物资，对计划外出口实行许可证办法。

1981 年 12 月 30 日，国务院发出《关于严格控制农村劳动力进城做工和农业人口转为非农业人口的通知》。《通知》要求，大力发展农村经济，引导农村多余劳动力在乡村搞多种经营。严格控制从农村招工；清理企业、事业单位使用的农村劳动力；加强户口和粮食管理。

二、重大事件

1981年12月3日，中共中央、国务院、中央军委联合发布《关于恢复新疆建设兵团的决定》。

1981年12月13日，五届全国人大四次会议授权全国人民代表大会常务委员会对国务院机构改革方案进行审议和决定。

1981年12月17日，中国物资经济学会举行首届年会，讨论建立多渠道、少环节开放的商品流通体系。

1981年12月17日，由湘潭、闽东等六家电机企业组成的中国电器出口联营公司，最近经国家进出口管理委员会和国家机械工业委员会批准，有对外直接进行谈判、报价、签约、结汇和选择国内代理口岸五个方面的权益。

1981年12月23日，中国投资银行在北京正式成立。它是我国政府制定向国外筹集建设资金办理投资信贷业务的专业银行。1998年12月11日，中国投资银行并入国家开发银行。

三、重要论述

《北京大学学报(哲学社会科学版)》(1981年第6期)刊发厉以宁的《我国中长期就业理论与对策》。文章指出，就业问题主要不是靠政府部门的安置来解决，而是靠放宽经济政策、调动生产者的积极性、广开就业门路来解决。

《经济研究》(1981年第12期)刊发许涤新的《国营企业实行经济责任制的几个问题》。文章指出，经济责任制的要求，不仅是企业和职工要在生产经营和利润税收上对国家负责，而且是企业和职工要对消费者负责。

四、重要数据

1981年国内生产总值4862.4亿元，比1980年增长5.2%。其中，第一产业增长7.0%，第二产业增长1.9%，第三产业增长10.4%。国有单位固定资产投资总额667.51亿元，完成基本建设投资442.91亿元。全国财政收入1175.79亿元，比1980年增长1.4%；财政支出1138.41亿元，比1980年下降7.5%。全年社会商品零售总额2350.0亿元,全年商品零售价格指数比1980年增长2.4%。全国进出口贸易总额735.34亿元,其中,出口367.61亿元,入超0.12亿元。城镇居民家庭人均全部收入500.00元,农村居民家庭人均纯收入223.44元。

根据统计数据,截至1981年年底,全国城镇个体经济从业人员达227万人,比1980年翻了一番多;全国1981年生产1亿吨原油;全国煤矿1981年生产原煤6亿吨;1981年全国食油总产量大约在33.5亿公斤左右,比1980年增产6亿公斤,比1977年增长一倍多。

五、作者观点

【推进改革与加强立法并行】 改革开放前,我国管理经济习惯于用行政手段,却忽视经济手段和法律手段的作用,这是推进改革开放必须解决的问题。可以看出,许多领域的改革需要用法治来规范,改革成果需要用法治来保障。1981年12月举行的第五届四次全国人代大会是我国改革开放和法制建设史上的一次重要会议。大会通过的经济合同法、国外企业所得税法,都是非常重要的法律,对推进后期的改革开放和经济发展起到了很大的作用。

【处理好经济体制改革与人口流动的关系】 随着我国经济体制改革的深入,一系列人口流动问题不断出现。人口流动的畅通与否,对"对内搞活,对外开放"政策的落实和经济体制改革的深入,都有重大影响。1981年12月30日,国务院下达"严格控制农村劳动力进城做工,控制农业人口转为非农业人口"的通知。通知的下达,产生了两个方面影响:一是相对稳定了农业人口,避免了人口的无序流动给社会稳定带来的冲击;二是使刚刚萌芽的乡镇企业遭遇了第一次寒流,在1980年前后创办的乡镇企业的经济指标在1981年都处于下滑或停滞状态。

参考文献

[1]人民日报图文数据库(1946—2018)。

[2]王振川. 中国改革开放新时期年鉴(1981)[M]. 北京:中国民主法

制出版社,2015:862－937.

[3]中华全国工商业联合会,香港经济导报社,中国民(私)营经济研究会．中国私营经济年鉴[M]．北京:中国审计出版社,2005:207.

[4]1981年中国大事记．[EB/OL]．中国网,http://www.china.com.cn/news/zhuanti/zgztk/2008－12/04/content_16896792_3.htm.

[5]中央财经领导小组办公室．中国经济发展五十年大事记(1949.10—1999.10)[M]．北京:人民出版社,1999:342－343.

[6]黄孟复．中国民营经济史·大事记[M]．北京:社会科学文献出版社,2009:160.

[7]吴晓灵．中国金融改革大事记[M]．北京:中国金融出版社,2008:52－53.

[8]中国民营经济史·大事记(连载三十七)[EB/OL]．新浪财经,http://finance.sina.com.cn/roll/20091202/00003131505.shtml.

[9]夏效兰．1981年12月经济大事记[J]．上海经济研究,1982(2):39,61－62.

[10]厉以宁．我国中长期就业理论与对策[J]．北京大学学报(哲学社会科学版),1981(6):3－11.

[11]许涤新．国营企业实行经济责任制的几个问题[J]．经济研究,1981(12):4－9.

[12]王河．经济合同法是调整经济关系的重要准则[J]．新疆社会科学,1984(6):143－150.

[13]赵炳霖．改革经济体制必须加强法律调整[J]．法学,1982(1):33－35.

[14]吴晓波．激荡三十年:中国企业1978—2008[M]．北京:中信出版集团,2017:94－95.

[15]李佐军．中国改革新思维——改出一个"人本市场经济"[M]．北京:电子工业出版社,2013:014－015.

推出第一个农村“一号文件”
（1982.01）

1982 年 1 月，中共中央批转《全国农村工作会议纪要》。《纪要》指出，目前农村实行的各种责任制，包括小段包工定额计酬、专业承包联产计酬、联产到劳、包产到户到组、包干到户到组等，都是社会主义集体经济的生产责任制。这是中央第一个农村工作“一号文件”，文件解决了联产承包制的性质问题，深化了农村改革，给广大农民吃了“定心丸”。

一、重要文件

1982 年 1 月 2 日，中共中央、国务院发布《关于国营工业企业进行全面整顿的决定》。要求从 1982 年起，用两三年时间，分期分批地对所有国营工业企业进行全面整顿工作，逐步地建设起一种又有民主、又有集中的领导体制和一套科学的管理制度。

1982 年 1 月 2 日，中共中央、国务院颁布《国营工厂厂长工作暂行条例》。《条例》规定，厂长对工厂生产经营活动行使统一指挥权；厂长要自觉接受和维护企业党委的领导，定期向党委汇报工作，定期向职工代表大会报告工作。

1982 年 1 月 7 日，国务院批转外贸部《关于外贸出口商品实行分类经营的规定的请示》的通知。外贸出口商品实行分类经营旨在继续改革外贸体制，贯彻执行统一领导、分级管理、分头经营、发挥各方面积极性的方针，达到扩大出口、增加外汇收入、使外贸有一个较大发展的目的。

1982 年 1 月 8 日，国务院常务会议通过《1982 年国库券条例》。

1982 年 1 月 13 日，国务院发布《关于实行粮食征购、销售、调拨包干一定三年的通知》。决定对各省、自治区、直辖市实行粮食征购、销售、调拨包干一定三年的粮食管理办法，自 1982 年粮食年度起实行。

1982 年 1 月 30 日，国务院发布《中华人民共和国对外合作开采海洋石油资源条例》。

二、重大事件

1982 年 1 月 3 日，国务院发出通令，严格限制发展小炼油厂，坚决取缔小土炼油炉。

1982 年 1 月 7 日，教育部召开高等学校教师提职工作座谈会。会议决定，从 1982 年起，把教师提职工作经常化、制度化。

1982 年 1 月 15 日，国务院召开沿海 9 省区市对外经济工作座谈会。座谈会中心议题：发挥沿海地区的优势，加强对外经济贸易工作，促进国民经济的发展。

1982 年 1 月，沪皖纺织联合开发公司在安徽马鞍山成立，这是一家新型的跨地区的经济联合体；中日软件中心在北京成立；金陵石油化学总公司在南京成立；南京汽车工业联营公司在南京成立。

三、重要论述

1982 年 1 月 13 日，邓小平在中共中央政治局讨论中央机构精简的会议上讲话。他指出，精简机构是一场革命，是对体制的革命。实现干部的革命化、年轻化、知识化、专业化，是革命和建设的战略需要。

1982 年 1 月 14 日，中共中央书记处在研究对外经济关系问题时提出，我国的社会主义现代化建设要利用两种资源——国内资源和国外资源；要打开两个市场——国内市场和国际市场；要学会两套本领——组织国内建设的本领和发展对外经济关系的本领。

《经济问题》（1982 年第 1 期）刊发马洪和吴家骏的《经济结构是决定社会经济效果的一个重要因素》。文章指出，产业结构、经济组织结构、所有制结构、技术结构、产品结构、就业结构、投资结构、价格结构、地区和城乡结构以及积累和消费结构等十个方面的结构问题中,产业结构的合理化对经济效果和经济发展全局的影响最大。

四、重要数据

1982 年 1 月 2 日,据《人民日报》报道,1981 年全国农村用电量达 420 亿度,比 1980 年增长近 14% 。

1982 年 1 月 10 日,据《人民日报》报道,新中国成立以来,平均每年新建铁路 800 公里。截至 1981 年年底,全国铁路营业里程已达 5 万公里。

1982 年 1 月 14 日,据中国人民银行初步统计,截至 1981 年年底,我国城镇储蓄存款达 353. 79 亿元,比 1980 年年底增加 71. 3 亿元,增长 25. 2% 。储蓄户增加到 1. 3 亿多户。

五、作者观点

【中国改革从家庭联产承包责任制改革上取得突破】 我国经济体制改革是从农村开始的。改革开放初期的农村改革又是以家庭联产承包责任制改革为主要内容。1982 年 1 月,中共中央发出的农村工作第一个“一号文件”,正式肯定了土地的家庭联产承包责任制,结束了包产到户 30 年的争论。自此,“包产到户”和“包干到户”等新的经营方式迅速推广。1982 年末,实行“双包”的生产队已占到全国生产队的 93% ,其中大部分是“包干到户”。这标志着中国农业实现了由人民公社集体经济制度到农民在“承包”土地上建立的家庭农场制度的转变。

【外贸体制改革不断取得进展】 1979—1987 年,是中国外贸体制初步改革阶段。中共中央、国务院在这方面发出了一系列重要文件,例如,1982 年 1 月,《国务院批转外贸部〈关于外贸出口商品实行分类经营的规定的请示〉的通知》;同年 1 月,中共中央、国务院《关于批转〈沿海九省、市、自治区对外经济贸易工作座谈会纪要〉的通知》。其基本精神是:在实行和扩大对外开放的过程中,把外贸经营管理权,包括国家统一经营的进出口商品经营权、外汇使用审批权、进出口机构设置审批权等,分散、下放到各地方和部门,并辅之以出口商品退税、外汇留成等办法来克服过去外贸进出口独家经营、过分集中的问题，调动各地方、部门和生产企业经营外贸的积极性。

参考文献

[1]人民日报图文数据库(1946—2018)。

[2]王振川. 中国改革开放新时期年鉴(1982)[M]. 北京：中国民主法制出版社,2015:1 -64.

[3]中华全国工商业联合会，香港经济导报社，中国民(私)营经济研究会. 中国私营经济年鉴[M]. 北京：中国审计出版社,2005:207.

[4]吴晓灵. 中国金融改革大事记[M]. 北京：中国金融出版社,2008:54 -55.

[5]黄孟复. 中国民营经济史·大事记[M]. 北京：社会科学文献出版社,2009:161 -162.

[6]中央财经领导小组办公室. 中国经济发展五十年大事记(1949.10—1999.10)[M]. 北京：人民出版社,1999:345 -347.

[7]吴晓波. 激荡三十年：中国企业1978—2008[M]. 北京：中信出版集团,2017:75.

[8]中国民营经济史·大事记(连载三十八)[EB/OL]. 新浪财经,http://finance.sina.com.cn/roll/20091207/00003136954.shtml.

[9]中国共产党大事记·1982[EB/OL]. 中国共产党新闻,http://cpc.people.com.cn/GB/64162/64164/4416113.html.

[10]马洪，吴家骏. 经济结构是决定社会经济效果的一个重要因素[J]. 经济问题,1982(1):1 -5.

[11]《当代中国》丛书编辑委员会. 当代中国对外贸易(上)[M]. 北京：当代中国出版社,1992:70 -71.

[12]李佐军. 中国改革新思维——改出一个"人本市场经济"[M]. 北京：电子工业出版社,2013:45 -46.

中国国际信托投资公司试行扩大自主权改革
（1982.02）

1982年2月10日，中国国际信托投资公司试行扩大自主权改革。经国务院批准，中国国际信托投资公司开始试行扩大自主权改革，以便在引进和利用外资工作中减少烦琐手续、提高工作效率。在人事制度方面，除国家统一调配外，将同时采取自行招考招聘、择优录取、广罗人才的方针。在工资、奖励制度方面，也将按照按劳分配的原则试行改革。

一、重要文件

1982年2月6日，国务院发布《广告管理暂行条例》，从1982年5月1日起施行。这是新中国第一个广告管理暂行条例。

1982年2月13日，国务院发布《村镇建房用地管理条例》并发出通知。通知要求各地结合本地区实际情况，对村镇建房用地限额和省、地、县三级具体审批权限等问题作出规定。

1982年2月19日，国务院颁布《第三次全国人口普查办法》。

1982年2月20日，中共中央颁布《关于建立老干部退休制度的决定》。标志着我党干部退休制度的初步建立。

1982年2月20日，中共中央、国务院发布《关于加强职工教育工作的决定》。

1982年2月21日，财政部公布《中华人民共和国外国企业所得税法施行细则》。

1982年2月23日，五届全国人大常委会第二十二次会议讨论和审议《中华人民共和国民事诉讼法草案(修改稿)》。

二、重大事件

1982年2月3日，国务院决定对企业有重点、有步骤地进行技术改造，改变以往以新建企业作为扩大再生产主要手段的做法。

1982年2月4日，国家计委、经委、科委联合举行座谈会，商讨把科技纳入长远规划，实现科技和经济、社会发展三结合。

1982年2月11日，中共中央书记处在北京召开广东、福建两省座谈会。会议提出，要认真总结经验，端正对外经济活动的指导思想，促进对外经济活动健康发展，继续办好经济特区。

1982年2月21日，国务院有关部门决定采取行政和经济手段，防止自行车、缝纫机、手表、钟等行业盲目发展。

1982年2月，中央绿化委员会(后称全国绿化委员会)宣告成立；中央国库券推销委员会正式成立；中国海洋石油总公司、中国化工建设总公司、中国丝绸公司、中华全国广告协会在北京成立；我国第一家民间外贸服务机构——上海机电产品对外咨询服务公司在上海成立。

三、重要论述

《农村金融研究》(1982年第8期)刊发于光远的《我国农村经济发展中的一个方向性问题——再议"十字形大农业"》。文章指出，中国农村建设需要加强农业服务业的发展，包括农产品加工业的发展。

《人民日报》(1982年2月17日)发表赵维臣的《谈经济联合的几种形式》。文章指出，目前经济联合体有十种形式：市场要素的联合、产品的联合、工艺性联合、地区性联合、跨地区联合、跨行业联合、城乡联合、技术设备联合、资源资金的联合、联合开发等。文章还指出，经济联合促进改革体现在两个方面：一是经济联合体涉及权力结构的改革；二是经济联合体涉及体制结构的改革。

《人民日报》(1982年2月24日)发表社论《树立全国一盘棋思想》。社论中指出，国家是一个有机的整体，进行经济建设要各个方面互相协调，不能你东我西，各自为政。“全国一盘棋”应该成为经济建设的一个重要指导思想。

四、重要数据

1982 年 2 月 11 日，中国人民银行《关于国内保险业务恢复情况和今后发展意见的报告》中指出，自 1979 年国务院批准恢复国内保险业务以来，截至 1981 年 10 月，除西藏外，已在 28 个省、自治区、直辖市的大中城市和少数县，建立保险专业机构 477 个，银行代理处 803 个，现有保险专业人员 5700 余人。恢复和办理了企业财产保险、家庭财产保险和汽车保险等业务，共承保企业近 10 万个、家庭 90 余万户、汽车 13 万辆，获得经济保障的财产总值达 2000 亿元，其中，国营企业财产为 1935 亿元，约占企业固定资产和流动资金的 23%。

五、作者观点

【干部人事制度改革取得重大进展】 干部退休制度是我国劳动人事制度的重要组成部分，是在职干部管理制度的延续和发展。党中央、国务院及有关部门自 1980 年以来，制定和出台了一系列有关老干部工作的政策和法规。1982 年 2 月，中共中央颁布《关于建立老干部退休制度的决定》，强调了建立干部退休制度的重要意义，构建了新时期老干部工作的基本框架。

【职工教育改革要适应经济体制改革和劳动制度改革】 职工教育的根本目的是提高劳动者的素质，培养人才，满足经济发展和职工的需要，是我国实现现代化的一个重要条件。1982 年 2 月，中共中央、国务院发布《关于加强职工教育工作的决定》，提出把职工教育纳入国民经济和国民教育计划的轨道，把职工教育列入长远规划和年度计划，这对推动我国职工教育工作，意义重大。由于职工教育要受政治、经济和劳动者的条件与要求的制约，这就决定了职工教育改革要适应经济体制改革和劳动制度改革。

参考文献

[1]人民日报图文数据库(1946—2018)。

[2]王振川．中国改革开放新时期年鉴(1982)[M]．北京:中国民主法制出版社,2015:65 - 134.

[3]中华全国工商业联合会,香港经济导报社,中国民(私)营经济研究会．中国私营经济年鉴[M]．北京:中国审计出版社,2005:207.

[4]吴晓灵．中国金融改革大事记[M]．北京:中国金融出版社,2008:55.

[5]中央财经领导小组办公室．中国经济发展五十年大事记(1949.10—1999.10)[M]．北京:人民出版社,1999:332.

[6]于光远．我国农村经济发展中的一个方向性问题——再议“十字形大农业”[J]．农村金融研究,1982(8):52.

[7]李佐军．第三次大转型:新一轮改革如何改变中国[M]．北京:中信出版集团,2014:146 - 147.

推进第一次行政管理体制改革
(1982.03)

1982年3月，五届全国人大常委会第二十二次会议通过《关于国务院机构改革的决议》，原则批准国务院机构改革初步方案。这是我国改革开放后推进的第一次行政管理体制改革，意义重大。

一、重要文件

1982年3月3日，国务院发布《关于加强基本建设计划管理、控制基本建设规模的若干规定》。

1982年3月8日，五届全国人大常委会第二十二次会议通过《关于国务院机构改革的决议》，原则批准国务院机构改革初步方案。会议决定，设立国家经济体制改革委员会；决定撤销国家农业委员会、机械工业委员会、能源委员会和国务院财贸小组，重新组建国家经济委员会，扩大其职权和业务范围；决定对外贸易部、对外经济联络部、国家进出口管理委员会、国家外国投资管理委员会合并，成立对外经济贸易部。此外，会议还通过了《中华人民共和国民事诉讼法(试行)》，决定从1982年10月1日开始试行。

1982年3月16日，国务院发布《关于全国性专业公司管理体制的暂行规定》，并提出，所有全国性专业公司不列入国务院行政机构，分别由有关部门领导，公司在经营管理上有自主权，成为经济实体。

1982年3月16日，国务院发布《合理化建议和技术改进奖励条例》，旨在鼓励职工积极提合理化建议，努力进行技术革新，促进国民经济的发展。

1982 年 3 月 23 日，国务院科技干部局下发《聘请科学技术人员兼职的暂行办法》和《实行科学技术人员交流的暂行办法》。

1982 年 3 月 29 日，国务院批转国家计委、国家经委和国家物资总局《关于确保完成国家重要物资调拨计划的报告》并发出通知。

1982 年 3 月 30 日，国务院发布《机械工业技术改造试行条例》。

二、重大事件

1982 年 3 月 5 日，中美签署互免海运、空运企业运输收入税收协定。根据协定，缔约一方的企业在经营海运、空运国际运输中的业务收入、利润只在该缔约国纳税。这些收入和利润包括客运、货运和邮政运输业务的收入和利润等。

1982 年 3 月 6 日，外汇管理总局全国分局局长和中国银行分行行长会议在北京闭幕。会议确定，1982 年的外汇工作要在“用、管、改”三个方面下功夫。会议要求有关部门和企业，在进口机器、设备等物资时，尽量使用中国银行与有关国家的银行签订的买方信贷。

1982 年 3 月 15 日，原商业部、粮食部和全国供销合作总社合并为商业部。此次合并，精简了行政机构，调整和加强了管理商品的专业公司，逐步把行政和企业分开。

1982 年 3 月 19 日，国务院据决定自 1982 年 4 月 1 日起，即从 1982 年粮食年度开始，对除西藏、新疆以外的各省、市、自治区试行粮食征购、销售、调拨包干一定三年的办法。

1982 年 3 月 27 日，中共中央决定，在国务院下设立财政经济委员会，作为研究制定财经方针政策和决定财经工作中的大事的决策机关。

1982 年 3 月 29 日，全国税务工作会议决定，总结税制改革的试点经验，有条件的可适当扩大试点。国营企业交纳所得税，除原来试点的企业要继续试行以外，同时还要对县办工交企业扩大试行征收所得税。

三、重要论述

《管理现代化》(1982 年第 1 期) 刊发马洪的《积极而稳步地实现管理现

代化》。文章指出,工业企业实行经济责任制,需要建立一套企业管理制度:以完善企业经营管理为目标,建立全面的计划管理制度;以发展产品品种和提高产品质量为目标,建立全面的质量管理制度;以提高经济效果,增加国家与企业经济收益为目标,建立全面的经济核算制度。

四、重要数据

据国家劳动总局统计,1979—1981 年全国共安置 2600 万人劳动就业。

据财政部初步统计,从 1979—1981 年三年间,国家用于增加城乡人民收入和改善人民生活的资金已达 1400 多亿元,占这三年国家财政收入的 31%,是新中国成立以来的最大比例。

据财政部有关方面提供的材料表明,国家实行扩大自主权后,企业三年留成资金 280 多亿元。

五、作者观点

【推动第一次行政管理体制改革】 改革开放后,我国于 1982 年、1988 年、1993 年、1998 年、2003 年、2008 年、2013 年和 2018 年进行了八次机构改革。行政管理体制改革的落脚点基本上是精简机构、精简人员、转变职能、提高效率。1982 年 3 月,五届全国人大常委会第二十二次会议通过了关于国务院机构改革问题的决议,这是我国改革开放后推动的第一次行政管理体制改革,国务院部门从 100 个减为 61 个。随着时代的发展和经济体制改革的深入,政府原有的机构需要不断做出调整和改革,以适应新的形势。

【法制建设取得重要进展】 法治是政治文明发展到一定阶段的产物。一国的法治由其国情和社会制度决定。我国改革开放后汲取了“文化大革命”的惨痛教训,明确了要靠法制来治理国家的原则,这成为改革开放新时期的基本理念。1982 年 3 月,《民事诉讼法(试行)》的公布,结束了民事诉讼长达 30 余年“无法可依”的局面,成为我国法制建设史上的一件大事。

参考文献

[1]人民日报图文数据库(1946—2018)。

[2]王振川．中国改革开放新时期年鉴(1982)[M]．北京:中国民主法制出版社,2015:135－203.

[3]吴晓灵．中国金融改革大事记[M]．北京:中国金融出版社,2008:56.

[4]黄孟复．中国民营经济史·大事记[M]．北京:社会科学文献出版社,2009:162.

[5]中央财经领导小组办公室．中国经济发展五十年大事记(1949.10—1999.10)[M]．北京:人民出版社,1999:332－333.

[6]吴晓波．激荡三十年:中国企业1978—2008[M]．北京:中信出版集团,2017:117.

[7]中国共产党大事记·1982[EB/OL]．中国共产党新闻,http://cpc.people.com.cn/GB/64162/64164/4416113.html.

[8]《当代中国》丛书编辑委员会．当代中国对外贸易(上)[M]．北京:当代中国出版社,1992:156.

[9]中共中央政策研究室．中华人民共和国大事记(1949—2009)[M]．北京:人民出版社,2009:334.

[10]马洪．积极而稳步地实现管理现代化[J]管理现代化,1982(1):5－7.

[11]李佐军．第三次大转型:新一轮改革如何改变中国[M]．北京:中信出版集团,2014:148－151.

四川省广汉县率先在全国进行县级机构改革试点
（1982.04）

1982年4月，四川省广汉县在全国率先进行了县级机构改革的试点，建立了新的县、乡两级管理机构。其主要内容是：把公社改为乡，建立乡党委、乡政府、乡农工商联合公司；改生产大队为村，建立村民委员会；改生产队为农业生产合作社，实行独立核算、自负盈亏。

一、重要文件

1982年4月6日，国务院环境保护领导小组批准颁布《大气环境质量标准》《城市区域环境噪声标准》和《海水水质标准》。这是我国颁布的第一批环境质量标准。

1982年4月10日，国务院发布《关于在工业品购销中禁止封锁的通知》。

1982年4月12日，中共中央国务院发布《关于〈宪法修改草案〉中规定农村人民公社政社分开问题的通知》。

1982年4月13日，中共中央、国务院发布《关于打击经济领域中严重犯罪活动的决定》。

1982年4月13日，国务院发布《中华人民共和国公证暂行条例》。

二、重大事件

1982年4月8日，国务院决定成立中国农村发展研究中心。这是国务院领导下的研究咨询机构。

1982年4月21日，宪法修改委员会第三次会议通过《中华人民共和国宪法修改草案》。

1982年4月29日，我国第一所集体所有制民办大学——中华社会大学在北京成立。

1982年4月，国务院将文化部、对外文化联络委员会、国家出版事业管理局、国家文物事业管理局和外文出版发行事业局五单位合并，设立文化部。

三、重要论述

1982年4月24日，据《工人日报》报道，国家经委根据三年的探索和试点取得的经验，提出健全经济责任制的六点建议。其中，经济责任制不能理解为单纯是搞利润包干，或者仅仅是为了解决分配问题，而是经济责任、经济权利和经济利益的统一。

《人民日报》（1982年4月12日）发表孙尚清的《关于我国经济发展战略问题的认识》。文章指出，在制定经济发展战略时，应当把人口、技术和资源三个因素统一起来考虑。

四、重要数据

1982年4月1日，据《人民日报》报道，目前，全国物资部门共建立城乡物资经营网点27000多个，各种类型的生产资料商场64个。1980年和1981年，全国物资销售总额分别达到472亿元和447亿元，分别比1979年增长9.5%和3.7%。1981年，定额流动资金周转天数比1979年缩短15天，减少占用国家资金21.6亿元。

五、作者观点

【试水文化管理体制改革】 文化管理体制改革是行政管理体制改革的重要组成部分。文化管理体制改革的历程，体现了我国从计划经济时代"全能政府"逐步转向市场经济时代"有限政府"的过程。从1982年3月起，国务院进行了一场自上而下、以精兵简政为主题的改革，改革后国务院各部门从

100 个精简到 61 个,部委由 52 个裁并为 43 个,人员编制由 5.1 万人减为3 万多人。在此背景下,1982 年 4 月,文化部与国家出版事业局、国家文物事业管理局、外文出版发行事业局进行了合并,诞生了中华人民共和国文化部。

【改革政社合一的人民公社】 改革开放后,为适应新时期经济社会发展的需要,我国适时对政府机构进行改革和调整。1982 年 4 月,中共中央国务院发布《关于〈宪法修改草案〉中规定农村人民公社政社分开问题的通知》。《通知》指出,《宪法修改草案》按照改变现行的政社合一的人民公社体制的原则,规定设立乡人民政府,人民公社为集体经济组织,不再肩负政权职能。1982 年 12 月,在第五届全国人民代表大会第五次会议通过的《中华人民共和国宪法》规定,将乡、民族乡人民政府作为政权的基层单位。从此,农村人民公社体制开始发生根本的变化。

参考文献

[1]人民日报图文数据库(1946—2018)。

[2]王振川. 中国改革开放新时期年鉴(1982)[M]. 北京:中国民主法制出版社,2015:204 -294.

[3]吴晓灵. 中国金融改革大事记[M]. 北京:中国金融出版社,2008:57 -58.

[4]黄孟复. 中国民营经济史 · 大事记[M]. 北京:社会科学文献出版社,2009:162.

[5]中央财经领导小组办公室. 中国经济发展五十年大事记(1949.10—1999.10)[M]. 北京:人民出版社,1999:349 -350.

[6]中共中央政策研究室. 中华人民共和国大事记(1949—2009)[M]. 北京:人民出版社,2009:334 -335.

[7]夏晓兰 .1982 年 4 月份经济大事记[J]. 上海经济研究,1982:61 -62.

[8]中国民营经济史 · 大事记(连载三十八)[EB/OL]. 新浪财经,http://finance.sina.com.cn/roll/20091207/00003136954.shtml.

[9]中国共产党大事记 · 1982[EB/OL]. 中国共产党新闻,http://

cpc. people. com. cn/GB/64162/64164/4416121. html.

[10]邓小平文选(一九七五—一九八二年)[M]. 北京:战士出版社,1983:357 - 359.

[11]李晓西. 绿色抉择:中国环保体制改革与绿色发展40年[M]. 广州:广东经济出版社,2017:524.

[12]蔡武. 筑牢文化自信之基:中国文体制改革40年[M]. 广州:广东经济出版社,2017:132 - 133.

[13]魏礼群. 建设服务型政府:中国行政体制改革40年[M]. 广州:广东经济出版社,2017:4 - 5.

[14]李佐军. 第三次大转型:新一轮改革如何改变中国[M]. 北京:中信出版集团,2014:153.

国家经济体制改革委员会成立
（1982. 05）

1982 年 5 月 4 日，国家经济体制改革委员会（简称“国家体改委”）正式成立。其任务主要是负责制定改革的总体规划，加强对全国经济体制改革的指导和协调工作。国家体改委是由国家农业委员会、国家机械工业委员会、国家能源委员会、国务院财贸小组、建筑材料工业部、国家标准总局、国家计量总局和专利局等经济综合机构合并组成。从此，中国的经济体制改革有了专门的推动机构。

一、重要文件

1982 年 5 月 1 日，国家计委等部门联合发布《关于进一步实行基本建设拨款改贷款的通知》。《通知》指出，要进一步扩大贷款范围，从 1982 年起，原则上对独立核算、有还款能力的项目，实行基本建设贷款制度。

1982 年 5 月 4 日，第五届全国人大常委会第二十三次会议通过《全国人大常委会关于国务院部委机构改革实施方案的决议》。

1982 年 5 月 5 日，国务院发布《关于国家计划委员会、国家经济委员会、国家科学技术委员会分工的通知》。《通知》指出，国家计委负责全国经济和社会发展的中长期计划和年度计划的编制，国家经委负责组织年度计划的执行和协调。

1982 年 5 月 6 日，国务院发布《关于抓紧做好货币回龙工作和严格控制货币投放的通知》。

1982 年 5 月 14 日，国务院公布经第五届全国人大常委会第二十三次会议原则批准的《全国建设征用土地条例》。

二、重大事件

1982 年 5 月 4 日，第五届全国人大常委会第二十三次会议决定，将国家建委、国家城建总局、建工总局、国家测绘局、国务院环境保护领导小组办公室合并，组建城乡建设环境保护部，部内设环境保护局。

1982 年 5 月 20 日，国务院决定对烟草行业实行集中统一管理。

1982 年 5 月 28 日，国务院批准深圳经济特区成立股份有限公司筹资建设赤湾港计划。

1982 年 5 月，中国船舶工业总公司、中国汽车工业公司、中国南海石油联合服务总公司、中国交通运输协会成立。

三、重要论述

1982 年 5 月 4 日，于光远在国家体改委和国务院经济研究中心召开的座谈会上提出，社会主义经济体制改革在我国包括两个方面的内容：一是社会主义国营经济内部管理体制的改革；二是社会主义所有制结构的改革。

《人民日报》（1982 年 5 月 7 日）发表社论《经济体制改革的重要尝试》。《社论》指出，精简行政机构旨在提高工作效率，克服官僚主义。精简行政机构，一种办法是合并或撤销；另一种办法是将政府中管工业的行政部门，改为企业性质的经济实体。

《人民日报》（1982 年 5 月 9 日）发表曲格平的《在发展中解决环境问题》。文章指出，环境问题得不到有效控制和适当解决的原因主要有以下三个方面：一是认识水平的限制；二是经济水平的限制；三是环境管理不善。

《人民日报》（1982 年 5 月 10 日）发表李智盛的《正确处理集权与分权的关系——谈经济体制改革中的一个重要问题》。文章指出，处理好计划经济与市场调节的关系，是正确处理经济建设中集中统一与分散自主关系的一个重要问题。

《人民日报》（1982 年 5 月 11 日）刊发董辅礽的《进一步开展对我国经

济发展战略的研究》。文章指出,我国经济发展战略的转变主要有四个方面:一是从以速度为主要目标的发展战略到以满足人民的基本需要为主要目标的发展战略的转变;二是从重点突出的发展战略到平衡的发展战略的转变;三是从闭关自守的发展战略到对外开放的发展战略的转变;四是从粗放为主的发展战略到集约为主的发展战略的转变。

四、重要数据

据《人民日报》报道,中国人民银行的最新统计,1982 年第一季度我国城镇储蓄存款余额达 383.96 亿元,比 1981 年年底增加 29.82 亿元,比 1981 年同期多增加 8.53 亿元。据悉,1979—1981 年,全国城镇储蓄共增加 199 亿元,而 1949—1978 年只增加 154.9 亿元,三年的数额超过 30 年的数额;按全国城镇全民所有制和集体所有制职工总数计算,1978 年平均每个职工储蓄 163 元,而 1981 年每个职工平均储蓄达 320 多元。

五、作者观点

【企业改组和经济联合也是经济体制改革的重要内容】 企业改组和经济联合旨在推进组织结构的合理化。通过企业改组和经济联合,将分散的“大而全”“小而全”的企业合理地组织起来,既符合国民经济调整的要求,又是经济体制改革的一项内容。这项工作自 1979 年开始逐步展开。1982 年 5 月,中国船舶工业总公司、中国汽车工业公司等全国性的公司相继组建。其中,中国船舶工业总公司是我国第一个打破部门和地区界限,按行业实行联合和改组的专业公司。这些公司成立后,在制定全行业的规划,统筹安排行业内主要工厂的科研、生产和技术改造,推动企业的改组联合等方面都起到了积极的作用。

【环保管理机构不断增强】 改革开放前到改革开放初期,我国环境保护管理机构经历了从无到有、从小到大、从临时机构到正式机构的演变过程。我国环境保护管理机构从 1973 年国务院下属非常设机构——国务院环保领导小组办公室起步,1982 年经过第一次机构改革,成立环境保护局,隶属于当时的城乡建设环境保护部也就是建设部，正式转入国家正式机构编制序列。环保机构的提升，表明对环境保护的重视程度不断提高。

参考文献

[1]人民日报图文数据库(1946—2018)。

[2]王振川. 中国改革开放新时期年鉴(1982)[M]. 北京：中国民主法制出版社，2015：295－387.

[3]吴晓灵. 中国金融改革大事记[M]. 北京：中国金融出版社，2008：58－59.

[4]黄孟复. 中国民营经济史·大事记[M]. 北京：社会科学文献出版社，2009：158.

[5]中央财经领导小组办公室. 中国经济发展五十年大事记(1949.10—1999.10)[M]. 北京：人民出版社，1999：350.

[6]中共中央政策研究室. 中华人民共和国大事记(1949—2009)[M]. 北京：人民出版社，2009：335－336.

[7]邓力群，马洪，武衡. 当代中国的经济体制改革[M]. 北京：中国社会科学出版社，1984：187，791.

[8]李晓西. 绿色抉择：中国环保体制改革与绿色发展40年[M]. 广州：广东经济出版社，2017：60.

[9]李佐军. 第三次大转型：新一轮改革如何改变中国[M]. 北京：中信出版集团，2014：156.

国务院批准成立全国企业整顿领导小组
（1982.06）

1982年6月，国务院批准成立全国企业整顿领导小组，这是继1982年1月中共中央、国务院发布《关于国营工业企业进行全面整顿的决定》以来，对国营工业企业进行全面整顿的又一重要举措。

一、重要文件

1982年6月10日，财政部发布《关于调整工商税若干产品税率和扩大征税项目的通知》。旨在更好地运用税收经济杠杆，调节工业产品的利润和企业收入，促进国民经济的调整和发展，并稳定国家财政收入。

1982年6月11日，国务院发出《关于健全各部委责任制一些问题的通知》。《通知》强调，国务院各部门必须严格遵守请示报告制度，对于超出本部门职权范围的问题，应当区别情况，按照文件规定的程序办理。

1982年6月17日，国务院发布《关于疏通城乡商品流通渠道扩大工业品下乡的决定》。主要内容包括：一是改变过去工业品流通按城乡分工的体制为按商品分工、城乡通开的新体制；二是继续发挥基层供销社的作用；三是继续贯彻执行城乡都需要的工业品优先供应农村，城乡都需要的副食品优先供应城市的原则；四是积极开拓扩大工业品下乡的新途径。

1982年6月30日，中国人民银行发布《关于抓好中短期设备贷款经济效益的通知》。

1982年6月30日，国务院发布《水土保持工作条例》。

二、重大事件

1982 年 6 月 1 日，中共中央、国务院、中央军委决定恢复新疆生产建设兵团。

1982 年 6 月 18 日，全国图书发行体制改革座谈会建议对现行图书发行体制实行改革，即全国组成一个以国营新华书店为主体的、多种经济成分、多条流通渠道、多种购销形式、少流转环节的图书发行网，最大限度地满足读者的需要。

1982 年 6 月 19 日，国务院批准成立全国企业整顿领导小组。全国企业整顿领导小组组长由国家经委副主任袁宝华担任。

1982 年 6 月 20 日，国务院正式批准我国第一个部分利用世界银行无息贷款的农业建设项目——华北平原农业项目。

1982 年 6 月 26 日，国务院决定，由中央和地方的各级工商行政管理部门统一管理经济合同。

1982 年 6 月，中国煤炭进出口总公司、中国建筑工程总公司、上海市手帕进出口公司、大连仓储联合总公司、中国南山开发股份有限公司成立。

三、重要论述

全国工商总局局长任中林在 1982 年 6 月 26 日就《中华人民共和国经济合同法》的施行及如何加强经济合同的统一管理答新华社记者问中提出：实施经济合同法是发展社会主义经济和完善社会主义法制的需要；经济合同履行的好坏，直接影响到国家和企业的利益，影响到合同各方的利益。这就需要对经济合同实行国家的行政监督。

四、重要数据

据统计，截至 1981 年年底，合资经营在国内的已签订合同 40 个，总投资额为 1.89 亿多美元，合同规定，外国及中国港澳地区合营者投资额约为 8750 万美元。合作经营合同已签订 390 多个，合同规定，外国及中国港澳地区合作者投资额为 18 亿多美元。补偿贸易已签订合同 590 个，合同规定，外国及中国港澳地区投资者提供的设备价款为4.6亿美元。我国已经签订合同的40个合资企业中,有23个是利用原有企业改建、扩建的。

1982年6月19日,中央财经领导小组听取国家计委《关于20年设想和"六五"计划的汇报提纲》。国家计委预测,工农业总产值前10年平均增长率可能到5%~6%的速度,后10年可能达8%~9%,10年翻两番。"六五"计划,工农业总产值年均增长率预计为4%,争取5%;"七五"计划为5%,争取6%。

五、作者观点

【推动商业流通体制改革】 从新中国成立到改革开放初期,我国的商品流通体制是城乡分工的流通体制,这种体制把城乡市场分割开来,使城乡脱节,商品流通不畅。1982年6月,国务院发布《关于疏通城乡商品流通渠道扩大工业品下乡的决定》,改过去工业品流通按城乡分工的体制为按商品分工、城乡通开的新体制。这是改革商品流通体制、促进工农业生产、发展社会主义商品经济、繁荣城乡市场的重要决策,有利于解决城乡商业之间的矛盾,有利于工业品下乡,是我国商业流通体制的一次重要改革。

【尝试推进图书发行体制改革】 图书发行体制改革是文化体制改革的重要组成部分。我国图书发行体制是50年代建立的,主要采取征订包销的方法,由新华书店独家经营,统一发行。随着社会主义现代化建设事业的推进,出版规模的扩大,广大读者多层次需求的增加,原有的发行体制越来越不适应形势发展的需要。作为出版发行行业主力军的国营新华书店是改革的重点单位。1982年6月,全国图书发行体制改革座谈会提出,就现行图书发行体制进行改革,即全国将组成一个以国营新华书店为主体的、多种经济成分、多条流通渠道、多种购销形式、少流转环节的图书发行网,最大限度地满足读者的需要。

参考文献

[1]人民日报图文数据库(1946—2018)。

[2]王振川. 中国改革开放新时期年鉴(1982)[M]. 北京:中国民主法制出版社,2015:388-456.

[3]吴晓灵. 中国金融改革大事记[M]. 北京:中国金融出版社,

2008:351.

[4]中央财经领导小组办公室．中国经济发展五十年大事记(1949.10—1999.10)[M]．北京:人民出版社,1999:351.

[5]贾康,刘薇．构建现代治理基础——中国财税体制改革40年[M]．广州:广东经济出版社,2017:195.

[6]邓力群,马洪,武衡．当代中国的经济体制改革[M]．北京:中国社会科学出版社,1984:191,489.

[7]抚脉历程——中国改革开放30年大事记(1978—1982)[J]．改革,2008(2):28.

[8]郑亚楠．新华书店改革研究[D]．郑州:郑州大学,2005.

[9]小影．加快图书发行体制改革的步伐[J]．中国图书评论,1987(5):16-18.

[10]吴敬琏,马国川．中国经济改革二十讲[M]．北京:生活·读书·新知三联书店,2012:81.

[11]李佐军．第三次大转型:新一轮改革如何改变中国[M]．北京:中信出版集团,2014:156.

莫干山——我国改革开放史上的一个重要符号（1982.07）

1982年7月，国家体改委以中国物价学会的名义，在浙江省湖州市德清县的莫干山召开“苏联东欧经济体制改革座谈会”（简称“莫干山会议”），会议成果为日后的改革提供了诸多思路。莫干山成为我国改革开放史上的一个重要符号。

一、重要文件

1982年7月14日，国务院批转中国人民银行《关于中国人民银行的中央银行职能及其与专业银行的关系问题的请示》。《请示》提出，中国人民银行是中国的中央银行，是在国务院领导下统一管理全国金融的国家机关，中国农业银行、中国银行和中国人民建设银行都是总局级经济单位，各专业银行总行受人民银行总行的领导。建设银行在财政业务方面受财政部领导。

1982年7月16日，国务院批转教育部、公安部、外交部、劳动人事部《关于自费出国留学的规定》。

1982年7月17日，中共中央、国务院发布《关于严格制止外汇方面违法乱纪行为的决定》。

1982年7月30日，国务院发布《关于对各地和各部门在港澳地区新建企业进行清理整顿的通知》。

二、重大事件

1982年7月1日，为了促进工业生产专业化协作和经济联合的发展，贯彻合理负担原则，在1979年试点的基础上，对机器机械等五种产品，在全国范围内开始试行征收增值税。

1982年7月1日，全国人口普查正式开始。这是世界历史上规模最大的人口普查。

1982年7月21日—8月17日，国务院在北京召开全国计划会议，讨论了“六五”计划草案。

1982年7月，经国务院批准，国家工商行政管理局设立个体经济司；国防科学技术工业委员会在北京成立；中国法学会成立大会在北京举行；中国交通运输协会联运专业委员会在上海成立。

三、重要论述

《高等教育研究》(1982年第2期)刊发张培刚和林少宫的《美国经济与管理学科的发展动态和特点——兼谈改革我国经济与管理专业的建议》。文章指出，要加强效率教育；要重视人才培养，加强“智力投资”和“人力资源的开发”；要进行大学体制改革试验。

《计划经济研究》(1982年第33期)刊发魏礼群和李铁军的《改革和健全退休、养老保险制度的初步设想》。文章指出，改革和健全退休、养老保险制度势在必行：要逐步地在全体劳动者中实行退休、养老保险制度；要从国家、集体、个人三个方面筹集和建立退休、养老保险基金；要普遍建立社会保险机构、统一管理退休、养老人员。

四、重要数据

国家统计局发布消息，我国工业生产1982年起步高，增长快，日产水平逐月提高，1982年上半年全国完成工业总产值2729.3亿元。截至1982年6月底，达1982年全年计划的51%，比1981年同期增长10.1%。

五、作者观点

【养老保险制度改革的初步探索】 党的十一届三中全会的召开标志着我国进入改革开放新阶段,经济体制改革逐步展开,原有的社会保障制度首先受到冲击。改革开放前,我国实行单位退休制度,退休人员的退休金由企业负担,这在计划经济条件下行得通,但在改革开放、搞活国有企业大背景下,就会造成不同企业负担畸轻畸重,不利于公平竞争环境的建立,不利于国有企业发展。1982 年 7 月,魏礼群和李铁军在《计划经济研究》刊发的《改革和健全退休、养老保险制度的初步设想》,可以说是对我国改革开放初期养老保险制度的初步探索。1982 年以后,中共中央、国务院的领导同志多次指出,为适应经济体制改革的需要,要改革退休制度,实行社会保险。从此,我国养老保险制度改革开始逐步展开。

【莫干山是改革开放史上一个重要的符号】 20 世纪 80 年代是中国现代史上思想解放、开拓创新的年代。在那个开启改革开放新纪元的年代,在浙江德清县的莫干山曾召开过两次“莫干山会议”:1982 年的“苏联东欧经济体制改革座谈会”和 1984 年的“中青年经济科学工作者学术讨论会”。会议成果为日后的改革提供了诸多思路。也标志着中国中青年经济学者作为一个有时代责任感的群体的历史性崛起。会议不仅为此后改革开放思路提供了重要的咨议,更重要的是,会议所体现的精神,作为一种思想财富对后世产生重要影响。莫干山也由此成为我国改革开放史上的一个重要符号。

参考文献

[1]人民日报图文数据库(1946—2018)。

[2]王振川. 中国改革开放新时期年鉴(1982)[M]. 北京:中国民主法制出版社,2015:457 - 533.

[3]吴晓灵. 中国金融改革大事记[M]. 北京:中国金融出版社,2008:59 - 60.

[4]黄孟复. 中国民营经济史 · 大事记[M]. 北京:社会科学文献出版社,2009:162.

[5]中央财经领导小组办公室．中国经济发展五十年大事记(1949.10—1999.10)[M]．北京:人民出版社,1999:351－352.

[6]中共中央政策研究室．中华人民共和国大事记(1949—2009)[M]．北京:人民出版社,2009:336－337.

[7]贾康,刘薇．构建现代治理基础——中国财税体制改革40年[M]．广州:广东经济出版社,2017:194.

[8]中国民营经济史·大事记(连载三十八)[EB/OL]．新浪财政,http://finance.sina.com.cn/roll/20091207/00003136954.shtml.

[9]张培刚,林少宫．美国经济与管理学科的发展动态和特点——兼谈改革我国经济与管理专业的建议[J]．高等教育研究,1982(2):64－73.

[10]魏礼群,李铁军．改革和健全退休、养老保险制度的初步设想[J]．计划经济研究,1982(33):30－36.

[11]柳红．另一个"莫干山会议"[N]．经济观察报,2009－08－24.

[12]常修泽．史料版1984年莫干山会议[J]．学术研究,2012(11):63－74.

[13]李佐军．第三次大转型:新一轮改革如何改变中国[M]．北京:中信出版集团,2014:160.

中美两国政府发表第三个中美关系重要公报
(1982.08)

1982年8月,中美两国政府发表第三个中美关系重要公报——《中美“八·一七”联合公报》。至此,由上海公报、中美建交公报和“八·一七”公报组成的中美三个联合公报,成为中美关系发展的指导性文件。

一、重要文件

1982年8月6日,国务院颁布《物价管理暂行条例》。国务院设国家物价局,管理和监督全国物价工作。

1982年8月9日,国务院颁布《工商企业登记管理条例》。

1982年8月17日,国务院发布《关于加强对广东、福建两省进口商品管理和制止私货内流的暂行规定》。

1982年8月19—23日,五届全国人大常委会第二十四次会议通过《海洋环境保护法》和《商标法》,并作出设立国防科学技术工业委员会的决议。

1982年8月31日,国务院发布《关于中国银行地位问题的通知》。《通知》指出,中国银行是社会主义国营企业,是中华人民共和国的国家外汇专业银行。

二、重大事件

1982年8月6日,世界最大电渣重熔炉在上海建成。其年产钢铁300

万吨,占当时全国钢铁产能的1/10。这是当时国家计划建成投产的大中型项目或单项工程中的亮点。

1982年8月10日,薛暮桥等人向中央报送《关于布鲁斯为首的经济体制考察团来访情况的报告》。

1982年8月17日,中美两国政府发表《中华人民共和国和美利坚合众国联合公报》。该公报是继1972年中美两国政府发表上海公报和1979年建交公报之后,第三个有关中美关系的重要公报。

1982年8月23日,中国国际工程咨询公司正式成立。该公司由我国17家专业工程咨询公司联合组成,是全国性的工程咨询权威机构。

三、重要论述

《人民日报》(1982年8月16日)发表于光远的讲演稿《关于中国经济社会发展战略问题的科学研究》。于光远认为,在大国建立包括所有部门的独立完整的国民经济体系是必要的;要充分发挥东部地区作用的同时,做好西部地区的开发;城市是周围地区的中心,城市建设对提高农村的经济文化水平有重要作用;农村是中国工业品的最大市场,要重视农村经济的发展。

1982年8月21日,邓小平在会见联合国秘书长德奎利亚尔时谈道:"我们摆在第一位的任务是在本世纪末实现现代化的一个初步目标,即人民生活达到小康水平。"

四、重要数据

据《人民日报》报道,我国农轻重比例关系逐步得到改善。三者开始相互促进、协调发展。在发展速度方面,1978—1981年,农业、轻工业的年平均增长率是新中国成立以来最高的,其中,农业平均每年递增5.6%,轻工业递增14%,都远远超过了同一期间重工业平均每年递增1.4%的速度。在比例关系上,农业、轻工业在工农业总产值中所占的比重,由1978年的57.4%上升到1981年的63.5%,而重工业所占的比重则相应地由42.6%下降到36.5%。

五、作者观点

【中美三个联合公报成为中美关系发展的指导性文件】 改革开放需要一个稳定、有利的国际环境。中美关系是中国对外关系的重中之重。良好的中美关系，对于促进中国经济发展及融入世界意义重大。1982 年 8 月，中美两国政府发表第三个有关中美关系的重要公报——《中美“八·一七”联合公报》。至此，由上海公报、中美建交公报和“八·一七”公报组成的中美三个联合公报，成为中美关系发展的指导性文件。

【法制建设取得新进展】 法治是政治文明发展到一定阶段的产物。一国的法治由其国情和社会制度决定。我国改革开放后汲取了“文化大革命”的惨痛教训，明确了要靠法制来治理国家的原则，这成为改革开放新时期的基本理念。1982 年 8 月，五届人大常委会第二十四次会议通过《海洋环境保护法》和《商标法》；国务院颁布《物价管理暂行条例》和《工商企业登记管理条例》。这些法律和法规的制定和实施，改善了我国的投资和贸易环境，对促进我国经济发展、环境保护和对外开放都起到了重要作用。

参考文献

[1]人民日报图文数据库(1946—2018)。

[2]王振川．中国改革开放新时期年鉴(1982)[M]．北京：中国民主法制出版社，2015：534－612.

[3]吴晓灵．中国金融改革大事记[M]．北京：中国金融出版社，2008：61.

[4]中央财经领导小组办公室．中国经济发展五十年大事记(1949.10—1999.10)[M]．北京：人民出版社，1999：352.

[5]中共中央政策研究室．中华人民共和国大事记(1949—2009)[M]．北京：人民出版社，2009：337－338.

[6]吴晓波．激荡三十年：中国企业 1978—2008[M]．北京：中信出版集团，2017：115－116.

[7]李晓西．绿色抉择：中国环保体制改革与绿色发展 40 年[M]．广

州:广东经济出版社,2017:543.

[8]柳红. 另一个"莫干山会议"[N]. 经济观察报,2009-08-24.

[9]李佐军. 中国改革新思维——改出一个"人本市场经济"[M]. 北京:电子工业出版社,2013:18.

浙江义乌第一代小商品市场开业
（1982.09）

1982 年 9 月，浙江义乌第一代小商品市场悄然开业，共有摊位 705 个，当年成交额 392 万元。历经 5 代市场更迭，8 次搬迁 10 余次扩容，义乌中国小商品城市场摊位已达 7.5 万个，2017 年成交额 1226 亿元，已成为全球最大的小商品批发市场。

一、重要文件

1982 年 9 月 2 日，全国人大常委会发布《关于修改〈中华人民共和国中外合资经营企业所得税法〉的决定》和《中华人民共和国海上交通安全法》。

1982 年 9 月 4 日，国务院批转国家物价局等部门《关于逐步放开小商品价格实行市场调节的报告》。

1982 年 9 月 20 日，国务院发布《关于对中外合资、合作项目征税问题的通知》。

1982 年 9 月 20 日，国务院发布《中华人民共和国中外合资经营企业法实施条例》和《建筑税征收暂行办法》。

1982 年 9 月 23 日，国务院批准公布施行《中华人民共和国财产保险合同条例》。

1982 年 9 月 24 日，海关总署发布《海关奖励查私办法》。

二、重大事件

1982年9月1—11日，中国共产党第十二次全国代表大会召开。会议确定了“建设有中国特色的社会主义”的国家战略，提出了“正确贯彻计划经济为主、市场调节为辅的原则，是经济体制改革中的一个根本性问题”。

1982年9月2—9日，第一次全国经济法制工作经验交流会召开。会议讨论经济立法的五年规划，探讨经济法的有关理论问题。

1982年9月24日，邓小平在人民大会堂会见英国首相玛格丽特·希尔达·撒切尔，阐述中国政府对香港问题的基本立场。

1982年9月28日，国务院决定，中国人民银行专门行使中央银行职能；成立中国工商银行，承担原来由人民银行办理的工商信贷和储蓄业务。

三、重要论述

《人民日报》(1982年9月6日)刊发刘国光的《坚持经济体制改革的基本方向》。文章指出，随着买方市场的逐步形成，随着价格的合理化，要逐步缩小指令性计划的范围，扩大指导性计划的范围。

《人民日报》(1982年9月16日)刊发杜润生的《农村工作的历史性转变》。文章指出，随着我国城市工业大发展、市场容量大扩充，农村自给自足式自然经济向商品经济转化过程必须加快。

四、重要数据

据《人民日报》报道，据有关部门统计，截至1982年6月底，我国对外签订的承包工程和劳务合作合同已有600项，累计金额9.4亿多美元；已派出2500多名工程技术人员和职工到世界30多个国家和地区，执行承包工程和劳务合作的合同。

五、作者观点

【“义乌模式”的改革意义】　经济体制改革的核心问题是如何处理好政府和市场的关系。政府规制、放权让利和公共服务在保护和促进市场主体成长,引导、调控、规范市场的健康发展,推进市场功能创新,优化市场发展环境,增强企业竞争力等方面发挥着积极作用。1982 年 8 月,浙江义乌县委、县政府在经过调查研究和反复讨论后,毅然作出一个大胆决策:允许农民经商、允许从事长途贩运、允许开放城乡市场、允许多渠道竞争。义乌政府投资 9000 元,在清湖门建造了稠城镇小百货市场。9 月 5 日,简陋的义乌第一代小商品市场诞生了。历经 5 代市场更迭,8 次搬迁 10 余次扩容,目前,义乌中国小商品城市场摊位已达 7.5 万个,2017 年成交额 1226 亿元,已成为全球最大的小商品批发市场。义乌从“无中生有”到“无所不有”,不仅创造了成为全球最大小商品市场的奇迹,也使自己成为具有改革“风向标”意义的城市。义乌小商品市场的产生和发展是一个政府改革和市场发育互相推进的过程。在向市场经济转型的过程中,义乌地方政府不断转换和塑造其在经济发展中的角色,形成了独特的发展型政府,创造了小商品市场跨越式发展的独特经验。

参考文献

[1]人民日报图文数据库(1946—2018)。

[2]王振川.中国改革开放新时期年鉴(1982)[M].北京:中国民主法制出版社,2015:613-714.

[3]中华全国工商业联合会,香港经济导报社,中国民(私)营经济研究会.中国私营经济年鉴[M].北京:中国审计出版社,2005:207.

[4]黄孟复.中国民营经济史·大事记[M].北京:社会科学文献出版社,2009:163.

[5]中央财经领导小组办公室.中国经济发展五十年大事记(1949.10—1999.10)[M].北京:人民出版社,1999:353-354.

[6]吴晓波.激荡三十年:中国企业 1978—2008[M].北京:中信出版集团,2017:122.

[7]中国民营经济史·大事记(连载三十八)[EB/OL].新浪财经,http://finance.sina.com.cn/roll/20091207/00003136954.shtml.

[8]中国共产党大事记·1982[EB/OL].中国共产党新闻,http://

cpc. people. com. cn/GB/64162/64164/4416121. html.

[9]邓力群,马洪,武衡. 当代中国的经济体制改革[M]. 北京:中国社会科学出版社,1984:185,196.

[10]郑新立,徐伟,鲁明. 从计划到市场——中国计划投资体制改革40年[M]. 广州:广东经济出版社,2017:316.

[11]吴敬琏,马国川. 中国经济改革二十讲[M]. 北京:生活·读书·新知三联书店,2012:217.

[12]吴敬琏. 当代中国经济改革[M]. 上海:上海远东出版社,2003:60.

[13]乌经验启示[EB/OL]. 澎湃新闻网,https://www. thepaper. cn/newsDetail_forward_1477013.

[14]中共中央文献研究室. 陈云传[M]. 北京:中央文献出版社,2005:1647.

[15]甄志宏,高柏,冯秋石. 政府建构还是市场建构:义乌小商品市场的兴起[J]. 社会科学研究,2016:107-114.

[16]戴璐. 义乌市场三十年风雨路——小商品市场的那些年那些事[N]. 钱江晚报,2012-12-06.

[17]李佐军. 第三次大转型:新一轮改革如何改变中国[M]. 北京:中信出版集团,2014:160.

改革开放需要哲学社会科学的不断发展
（1982.10）

1982年10月，中共中央宣传部和中国社会科学院联合召开了全国哲学社会科学座谈会。会议对推动改革开放与哲学社会科学发展之间关系的认识，意义重大。

一、重要文件

1982年10月3日，中共中央、国务院发布《关于中央党政机关干部教育工作的决定》。旨在有步骤地改革领导机构和干部制度，加强干部的教育和训练，实现干部队伍的革命化、年轻化、知识化、专业化。

1982年10月16日，国务院批转国家物价局等部门《关于逐步放开小商品价格实行市场调节的报告》，并发出通知，要求各地有计划地逐步放开小商品价格，促进小商品生产，搞活小商品流通。

1982年10月27日，国务院颁布《关于解决企业社会负担过重问题的若干规定》。

二、重大事件

1982年10月15—23日，国家体改委等部门召开部分省市工业企业经济责任制座谈会。会议中提出，我国已有80%大中型工业企业实行经济责任制。

1982年10月16日，国家工商行政管理局在武汉召开全国小商品市场现场会，推广武汉市汉正街小商品市场经验。

1982 年 10 月 20 日—11 月 10 日，全国商业工作会议召开。会议决定改变国营商业独家经营的做法，放宽政策，改革商业体制，把流通领域搞活，打开商业工作的新局面。

三、重要论述

1982 年 10 月 19 日，杜润生在中国农村发展研究中心举行的座谈会上提出，农业要发展多种经营，走综合发展的道路；没有现代化知识的农民，就没有现代化的农业。

1982 年 10 月 20 日，全国企业整顿领导小组组长、国家经委副主任袁宝华在国务院各部门企业整顿工作会议上提出，要提高经济效益，加快经济建设步伐，必须认真抓好关系国民经济全局的大企业：一是要抓好大企业的整顿；二是要推行和完善经济责任制；三是要抓好大企业的发展规划。

1982 年 10 月 29 日，国家体改委拟定《关于“六五”期间和 1983 年经济体制改革的汇报提纲》。《提纲》提出，一是改革计划体制，形成有效的宏观经济经济管理制度；二是基本形成有利于产需衔接的流通体制；三是初步改革科技、教育、劳动体制；四是以国营经济为主导，发展多种经济形式和灵活多样的经营方式；五是着手建立以城市和工业基地为中心的经济区，改革部门分割、地区封锁的状况。

四、重要数据

据国家计委提供的资料显示，1979—1981 年，国家对城镇居民消费补贴 628 亿元。1981 年补贴 250 亿元，人均 164 元。

1982 年 10 月 15 日，国家物资局提供的资料指出，1982 年 6 月底，全国物资系统占用的流动资金总额由 1979 年年底的 174. 2 亿元减少到 140 亿元，流动资金周转一次由 132 天缩短到 89 天。

1982 年 10 月 27 日，国家统计总局发表《关于一九八二年人口普查主要数字的公报》。公布我国第三次人口普查的主要数字，为 1031882511 人。

五、作者观点

【改革开放需要哲学社会科学的不断发展】 哲学社会科学是人类文明发展的思想武器。哲学社会科学工作始终与党和国家工作大局紧密联系在一起。研究和解决我国社会主义现代化建设中提出的重大理论问题和实际问题,是哲学社会科学工作的根本任务。党的十一届三中全会召开前夕,哲学社会科学工作者积极支持并参与党在全国范围内展开的关于真理标准问题的大讨论,肯定实践是检验真理的唯一标准,为我们党重新确立解放思想、实事求是的思想路线作了思想舆论上的准备。哲学社会科学的研究任务还列入我国第六个五年计划(1980—1985 年)。1982 年 9 月召开的党的十二大,把发展科学确定为经济建设的战略重点之一,"科学"就包括自然科学和社会科学。为了开创我国哲学社会科学研究的新局面,更好地为社会主义现代化建设服务,1982 年 10 月 6—13 日,中共中央宣传部和中国社会科学院联合召开了全国哲学社会科学座谈会。中国社会科学院院长马洪作了题为《做好规划工作,开创哲学社会科学研究的新局面》的报告。会议对于经济科学的发展,给予了极大的重视。会议提出,贯彻理论联系实际的原则是发展经济科学的根本途径。科学是理论联系实践的纽带,越联系实际,应用科学的作用就越大。推动改革开放,需要包括哲学社会科学在内的各类科学的大发展。

参考文献

[1]人民日报图文数据库(1946—2018)。

[2]王振川. 中国改革开放新时期年鉴(1982)[M]. 北京:中国民主法制出版社,2015:715 - 775.

[3]中共中央政策研究室. 中华人民共和国大事记(1949—2009)[M]. 北京:人民出版社,2009:339 - 341.

[4]中华工商时报. 中国民营经济史·大事记(连载三十八). 新浪财经,http://finance.sina.com.cn/roll/20091207/00003136954.shtml.

[5]夏效兰.1982 年 10 月经济大事记[J]. 上海经济研究,1982(12):

59－60.

［6］黄孟复．中国民营经济史·大事记［M］．北京：社会科学文献出版社，2009：163.

［7］中央财经领导小组办公室．中国经济发展五十年大事记（1949.10—1999.10）［M］．北京：人民出版社，1999：335.

［8］吴晓波．激荡三十年：中国企业1978—2008［M］．北京：中信出版集团，2017：112.

［9］中共中央政策研究室．中华人民共和国大事记（1949—2009）［M］．北京：人民出版社，2009：320.

［10］金石．发展经济科学为实现经济发展战略目标服务——全国哲学社会科学规划座谈会侧记［J］．经济研究，1982（11）：17－18，56.

［11］安蓓，申铖．中国发展为世界带来六大机遇［EB/OL］．西部网，http://news.cnwest.com/content/2018－04/10/content_15764240.htm.

［12］吴婧．中国进口贸易大门将越开越大［EB/OL］．中国网，http://www.china.com.cn/lianghui/news/2018－03/11/content_50697249.shtml.

［13］商务部：中国引进外资已连续25年居发展中国家首位［EB/OL］．网易财经，http://news.163.com/17/1012/14/D0I8TOU900018AOQ.html.

［14］李佐军．中国改革新思维——改出一个“人本市场经济”［M］．北京：电子工业出版社，2013：10.

中国首次观摩“关税及贸易总协定部长级会议”（1982.11）

1982 年 11 月，关税及贸易总协定部长级会议在日内瓦召开，中国首次派官员观摩此会议。

一、重要文件

1982 年 11 月 8 日，国务院批转国家体改委、国家经委、财政部《关于当前完善工业经济责任制的几个问题的报告》。《报告》指出，当前完善经济责任制，要把重点放在企业内部经济责任制上面。

1982 年 11 月 13 日，国务院制定《关于解决企业社会负担过重问题的若干规定》，并指出属于不合理的摊派就应整顿、取消。

1982 年 11 月 18 日，五届全国人大常委会二十五次会议通过《中华人民共和国文物保护法》和《中华人民共和国食品卫生法（试行）》。

1982 年 11 月 22 日，中共中央转发《全国哲学社会科学规划座谈会纲要》。

1982 年 11 月 30 日，国务院在第五届全国人民代表大会第五次会议上作《关于第六个五年计划的报告》。《报告》提出了全面实现“六五”计划的主要措施，作出了积极稳妥地加快改革进程的具体部署。

二、重大事件

1982 年 11 月 5—23 日，中共中央召开全国农业书记会议。会议研究的主要问题之一是农村人民公社体制改革问题。

1982 年 11 月 20 日，全国企业整顿领导小组、国家经委在北京召开国务院企业整顿工作会议。

1982 年 11 月 20 日，全国第一次生态经济讨论会在江西南昌举行。

1982 年 11 月，国家决定三年内在国营大中型企业分两步推进“利改税”。即把国有企业上交的利润改为按照国家规定的税种缴纳税款，税后利润完全归企业支配，用法律手段规范国家与企业的利润分配关系。

1982 年 11 月，中国海洋石油平台工程公司、中国农牧渔业对外工程公司、中国地质勘探和打井工程公司成立；国产计算机首次进入国际市场。

三、重要论述

《财贸经济》（1982 年第 11 期）刊发周叔莲的《扩大企业自主权的若干理论问题》。文章指出，企业的相对独立性，不只是包含企业的利益和权力，还应该包括企业应负的责任。国营企业的独立性不是愈大愈好。

《经济研究》（1982 年第 11 期）刊发张卓元的《调整我国产业结构要按生产力发展规律办事》。文章指出，我国面临着改革经济体制和调整产业结构的双重任务。改革经济体制主要按社会经济发展规律办事，调整产业结构主要按生产力发展规律办事。

四、重要数据

《人民日报》（1982 年 11 月 3 日）发表社论《整顿企业要敢于碰硬问题》，提到，全国列入第一批整顿的工业企业共 9155 个，其中大中型骨干企业 1834 个。这批骨干企业的总产值占预算内工业企业总产值的 42%，上缴利润占 59%，税金占 44%。

1982 年 11 月 14 日，劳动人事部部长赵守一在安置就业经验交流会上指出，城镇就业方向主要是发展集体经济。从集体企业职工人数看，1981 年底达到 2568 万人，占全部职工的 23.5%。三年来安置了 2600 万人，其中集体所有制企业安置了 863 万人，占安置总数的 1/3。

五、作者观点

【推动对外贸易发展】 中国政府同外国政府或国际组织签订的贸易协定，是中国对外贸易法制建设的一个重要组成部分，对中国对外经济贸易关系的发展具有重要作用。关税及贸易总协定（General Agreement on Tariffs and Trade，GATT）是一个政府间缔结的有关关税和贸易规则的多边国际协定，简称关贸总协定。GATT 是世界贸易组织（WTO）的前身。其宗旨是通过削减关税和其他贸易壁垒，削除国际贸易中的差别待遇，促进国际贸易自由化，以优化配置全球资源，扩大商品的生产与流通。关贸总协定与同时成立的国际货币基金组织和世界银行被认为是国际经济体系的三大支柱。中国是关贸总协定的创始国之一。1986 年，中国政府开始就恢复中国在关贸总协定中的缔约国地位问题同许多有关国家进行了多次谈判。在此之前，1982 年 11 月，关贸总协定部长级会议在日内瓦召开，在这次常规性半年会上，中国外经贸派了一个司长前来观摩。这是中国首次观摩此会议。法新社当即敏感地意识到，“中国试图成为这个国际贸易组织的一员，他此次前来的目的显然是想加入该组织”。中国加入关贸总协定，将获得最惠国待遇，但首先必须承诺开放国内市场。在此后相当长的时间里，能否加入该组织，成为中国融入全球经济大家庭的重要事件。

参考文献

［1］人民日报图文数据库（1946—2018）。

［2］王振川．中国改革开放新时期年鉴（1982）［M］．北京：中国民主法制出版社，2015：776 – 874.

［3］中共中央政策研究室．中华人民共和国大事记（1949—2009）［M］．北京：人民出版社，2009：340.

［4］吴晓灵．中国金融改革大事记［M］．北京：中国金融出版社，2008：62 – 63.

［5］中央财经领导小组办公室．中国经济发展五十年大事记（1949. 10—1999. 10）［M］．北京：人民出版社，1999：355.

[6]吴晓波．激荡三十年:中国企业1978—2008[M]．北京:中信出版集团,2017:118 - 119.

[7]财政改革大事记(1978—1983年):在改革开放前沿探险开路[EB/OL]．中华人民共和国财政部,http://www.mof.gov.cn/zhuantihuigu/czgg0000_1/gglc/200811/t2008 1107_88572.html.

[8]周叔莲．扩大企业自主权的若干理论问题[J]．财贸经济,1982(11):52 - 55.

[9]张卓元．调整我国产业结构要按生产力发展瑰丽办事[J]．经济研究,1982(11):32 - 38.

[10]邓力群,马洪,武衡．当代中国的经济体制改革[M]．北京:中国社会科学出版社,1984:198.

[11]李仲周．关税及贸易总协定部长级会议背景[J]．国际贸易,1982(11):42.

[12]李佐军．中国改革新思维——改出一个“人本市场经济”[M]．北京:电子工业出版社,2013:20 - 21.

新中国第四部宪法诞生
（1982.12）

1982年12月4日，五届全国人大五次会议通过新修改的《中华人民共和国宪法》。这是新中国成立以来的第四部宪法，是我国政治生活中的一件大事，对我国依宪治国、依宪执政，具有重要意义。时隔32年，2014年11月1日，十二届全国人大常委会第十一次会议通过决议，将每年12月4日确定为国家宪法日。

一、重要文件

1982年12月1日，中共中央、国务院发布《关于征集国家能源交通重点建设基金的通知》，决定在"六五"计划的后三年，从各地区、各部门、各单位的预算外资金中，征集"国家能源交通重点建设基金"，自1982年1月1日开始执行。

1982年12月2日，国务院决定，调整国家机关、科教文卫等部门部分工作人员工资。1983年和之后的两年，将陆续调整企业部分职工的工资，并积极着手工资制度的改革。

1982年12月3日，中共中央、国务院批转《当前试办经济特区工作中若干问题的纪要》，肯定了试办特区三年来的成绩，提出了经济特区需要进一步明确和解决的十个问题。

1982年12月4日，国务院发布《关于改进"划分收支，分级包干"财政管理体制的通知》。《通知》规定，从1983年起，除广东、福建两省外，其他省、自治区一律实行收入按固定比例总额分成的包干办法。

1982 年 12 月 7 日，中共中央发布《关于地方党政机关机构改革若干问题》的通知，提出改革地区体制，在经济发达地区实行地市合并，市管县、管企业，省一般不直接管理工业企业，发挥中心城市的作用。

1982 年 12 月 10 日，五届全国人大五次会议通过了《关于第六个五年计划的报告》的决议和《中华人民共和国全国人民代表大会组织法》。

二、重大事件

1982 年 12 月 9 日，国务院批准成立东北内蒙古煤炭工业联合公司。这是全国第一个跨省区煤炭联合企业。

1982 年 12 月 13 日，国务院常务会议第四次讨论确定建设大亚湾核电站。电站的建设，主要是为了开辟新的能源来源，并为我国发展核电事业积累经验。

1982 年 12 月 20 日，中共中央、国务院决定成立国务院科技领导小组。

1982 年 12 月，对外经济贸易部在美国纽约和阿联酋迪拜分别设立了纽约中国贸易中心和迪拜长城贸易中心。贸易中心为国内有关省、自治区、直辖市和有关部门及公司在国外设立“窗口”起到了积极作用。

三、重要论述

1982 年 12 月 6 日，邓小平在会见日本首相大平正芳时提出“小康”概念。他指出，“我们要实现的四个现代化，是中国式的四个现代化，不是像你们那样的现代化概念，而是‘小康之家’，即到 20 世纪末，达到第三世界中比较富裕一点的国家的水平，实现国民生产总值人均 1000 美元”。

四、重要数据

1982 年全年国内生产总值 5294.7 亿元，比 1981 年增长 9.1%，其中，第一产业增长 11.5%，第二产业增长 5.6%，第三产业增长 13%。国有单位固定资产投资总额 845.31 亿元，完成基本建设投资 55.53 亿元。全国财政收入 1212.33 亿元，比 1981 年增长 3.1%，财政支出 1229.98 亿元，比 1981 年增长 8%。社会商品零售总额 2570 亿元,全年商品零售价格指数比 1981 年增长 1.9%。全国进出口贸易总额 772.02 亿元,其中,出口 414.33 亿元,进口 357.69 亿元,出超 56.64 亿元。城镇居民家庭人均全部收入 535.32 元,农村居民家庭人均纯收入 270.11 元。

据统计,截至 1982 年年底,全国登记注册的个体工商户为 2636813 户,从业人员达 3198693 人,注册资金为 82539.8 万元,1982 年实现营业额 1007009.1 万元。

五、作者观点

【新中国第四部宪法诞生】《宪法》是国家的根本大法,是治国安邦的总章程。中华人民共和国成立后,第一届、第四届和第五届全国人民代表大会分别于 1954 年 9 月、1975 年 1 月、1978 年 3 月和 1982 年 12 月先后制定、颁布了四部《中华人民共和国宪法》。为了适应中国经济和社会的发展变化,全国人大分别于 1988 年 4 月、1993 年 3 月、1999 年 3 月、2004 年 3 月对《宪法》进行了修改、完善。2018 年 3 月 11 日,第十三届全国人大一次会议第三次全体会议经投票表决,通过了《中华人民共和国宪法修正案》。

1982 年 12 月,五届全国人大五次会议通过新修改的《中华人民共和国宪法》,这是新中国成立以来的第四部《宪法》。相对于 1954 年、1975 年和 1978 年宪法,1982 年宪法不仅对国家制度和社会制度规定得较为具体和完善,而且在实践中也实施得较好。它规定了我国的根本制度和根本任务,确定了四项基本原则和改革开放的基本方针。1982 年宪法改变了"政社合一"的农村体制,明确设立乡政府。这标志着持续 20 余年的人民公社制度正式终结。

参考文献

[1]人民日报图文数据库(1946—2018)。

[2]王振川. 中国改革开放新时期年鉴(1982)[M]. 北京:中国民主法制出版社,2015:875 - 1007.

[3]中华全国工商业联合会,香港经济导报社,中国民(私)营经济研究

会．中国私营经济年鉴[M]．北京：中国审计出版社，2005：207.

[4]吴晓灵．中国金融改革大事记[M]．北京：中国金融出版社，2008：63－65.

[5]黄孟复．中国民营经济史·大事记[M]．北京：社会科学文献出版社，2009：164.

[6]中央财经领导小组办公室．中国经济发展五十年大事记(1949.10—1999.10)[M]．北京：人民出版社，1999：341－342.

[7]吴晓波．激荡三十年：中国企业1978—2008[M]．北京：中信出版集团，2017：123.

[8]中国民营经济史·大事记(连载三十八)[EB/OL]．新浪财经，http://finance.sina.com.cn/roll/20091207/00003136954.shtml.

[9]中国共产党大事记·1982[EB/OL]．中国共产党新闻，http://cpc.people.com.cn/GB/64162/64164/4416113.html.

[10]《当代中国》丛书编辑委员会．当代中国对外贸易(上)[M]．北京：当代中国出版社，1992：111.

[11]魏礼群．建设服务型政府：中国行政体制改革40年[M]．广州：广东经济出版社，2017：31，237.

[12]杨景宇．回顾彭真与1982年宪法的诞生[J]．党的文献，2015(5)：106－116.

[13]莫纪宏．一部具有强大生命力的好宪法[N]．法制日报，2014－12－03.

[14]吴敬琏，马国川．中国经济改革二十讲[M]．北京：生活·读书·新知三联书店，2012：75.

[15]贾康，刘薇．构建现代治理基础——中国财税体制改革40年[M]．广州：广东经济出版社，2017：6－7.

[16]李佐军．中国改革新思维——改出一个“人本市场经济”[M]．北京：电子工业出版社，2013：21.

从政策上肯定了家庭联产承包责任制
（1983.01）

1983年，计划经济体制的铁墙已经被撬开，市场经济的涓涓细流开始流淌。此时，越来越多的人开始明白改革开放是唯一出路，但未来改革开放的蓝图究竟是怎样尚在探索中。1月，中共中央印发《当前农村经济政策的若干问题》，即关于农业问题的第二个“一号文件”，文件从14个方面阐述了农村工作的方针、政策和任务要求。文件提出，改革人民公社体制，实行政社分设。从政策上肯定了家庭联产承包责任制。

一、重要文件

1983年1月8日，中国农业银行发布《关于试行开发性贷款的意见》。开发性贷款实行专项指标管理。

1983年1月18日，国务院批准江苏省人民政府为实行市管县的新体制制定的关于改革地市体制调整行政区划的报告。

1983年1月20日，中国人民银行、外贸部联合发布《关于争取对外承包工程和劳务合作在国内保险的通知》。

1983年1月22日，国务院办公厅发出通知，转发商业部《关于完成粮油统购统销后实行多渠道经营若干问题的试行规定》。

1983年1月31日，国务院批转国家计委、国家经委、外贸部《关于对外经济贸易工作中分工的意见》。

二、重大事件

1983 年 1 月 1 日，以经济报道为主的全国性综合性报纸——《经济日报》在北京创刊。

1983 年 1 月 1 日，全国范围对机器机械和农业机具两个行业及自行车、缝纫机、电风扇三种产品试行增值税。

1983 年 1 月 3 日，全国第一家超级市场在北京市海淀区开业。

1983 年 1 月 5 日，国务院第六次常务会议提出工业、商业要加快改革的步伐。对零售商业、饮食业、修理业、服务业，可以实行承包的办法，逐步推开；大的百货商店不要全面铺开，先搞几个进行试点，取得经验；对国营工业企业，除了极少数具备条件的大型企业实行利润递增包干的办法外，普遍推行利改税的办法。

1983 年 1 月 5 日，国务院听取关于召开全国工交会议和财政工作的汇报后，提出 1983 年的改革要点：一是工业、商业要加快改革步伐；二是要拿出全面改革工资制度的方案；三是必须控制财政赤字，实现财政收支的基本平衡；四是流动资金由人民银行统一供应和管理。

1983 年 1 月 28 日，国务院科技领导小组在北京成立。其主要任务：一是统一组织和管理全国的科技队伍，按需要调动集中使用；二是统一领导制定科技长期规划；三是研究重大技术政策的决策；四是决定重大技术的引进和消化；五是协调各部门的科技工作。

三、重要论述

1983 年 1 月 12 日，邓小平在一次谈话中指出，要允许一部分人先富起来。在今后的很多年里，他一再提到“要让一部分人先富起来”，这成为他最著名的改革格言之一。与“摸着石头过河”“不管白猫、黑猫，抓住老鼠就是好猫”等名言一起构成了其改革的思想基础。

1983 年 1 月 7—8 日，针对陈春先创办民办科技机构引起的争议，胡耀邦、胡启立、方毅等中央领导同志在“内部动态”清样上作了批示。胡耀邦的批示是“可请科技领导小组研究出方针政策来”。胡启立的批示是“陈春先同志带头开创新局面，可能走出一条新路子，一方面较快地把科技成果转化为直接生产力。另一方面多了一条渠道，使科技人员为四化做贡献，一些确有贡献的科技人员可以先富起来，打破铁饭碗、大锅饭。当然还要研究必要的管理办法及制定政策，此事可委托科协大力支持”。方毅的批示是“陈春先同志的做法是完全对头的，应予鼓励”。

1983 年 1 月 9 日，《人民日报》发表社论《适当发展个体经济是经济生活的需要》。社论指出，所谓个体经济，就是生产资料的个人占有与个体劳动相结合，劳动者自己养活自己。目前，我国城镇中的个体劳动者一般都自食其力，为社会为国家尽一己之长。这样做，与资本主义无关，于社会主义有益，理应得到保护和扶植。

四、重要数据

1982 年 1 月 2 日，据新华社报道，1981 年中国进出口贸易总额超过国家计划 6% 以上。

1982 年 1 月 2 日，据《人民日报》报道，在贯彻执行国民经济的调整方针中，随着农村发电量的增长，1981 年全国农村用电量达 420 亿度，比 1980 年增长近 14% 。

1983 年 1 月 7 日，人民公社政社分开试点工作已在北京市及全国 69 个县陆续展开。

1983 年 1 月 9 日，各地农业银行、信用社 1982 年全年对 49 万多个专业户、重点户发放贷款 12000 多万元。

五、作者观点

【从政策上明确肯定了家庭联产承包责任制】　家庭联产承包责任制是 20 世纪 80 年代初期在中国农村推行的一项重要改革，是农村土地制度改革的一个重要突破。十一届三中全会以来的改革始于农村改革，农村改革的一个重要标志是“包产到户”（分田到户），后来被完善为“家庭联产承包责任制”（俗称“大包干”）。1983 年 1 月，中共中央印发《当前农村经济政策的若干问题》，即关于农业问题的第二个“一号文件”，该文件从政策上明确肯定了家庭联产承包责任制。文件对农业发展规划、农村发展道路、稳定和完善农业生产责任制及农村领导体制等 14 个方面作了规定。文件指出,人民公社体制要从两个方面进行改革:一是实行生产责任制,特别是联产承包制;二是实行政社分设。此外,文件还强调,要对农村中新出现的某些经济现象区别对待,要调整购销政策,改革国营商业体制,放手发展合作商业,适当发展个体商业,要打破城乡分割和地区封锁,广辟流通渠道。1983 年"一号文件"的颁布,使人民公社时期被长期禁锢的农村工商业开始放活,让农民看到了发家致富的希望。

参考文献

[1]人民日报图文数据库(1946—2018)。

[2]王振川. 中国改革开放新时期年鉴(1983)[M]. 北京:中国民主法制出版社,2015:1-64.

[3]中华全国工商业联合会,香港经济导报社,中国民(私)营经济研究会. 中国私营经济年鉴[M]. 北京:中国审计出版社,2005:207.

[4]吴晓灵. 中国金融改革大事记[M]. 北京:中国金融出版社,2008:66-68.

[5]黄孟复. 中国民营经济史·大事记[M]. 北京:社会科学文献出版社,2009:165-166.

[6]中央财经领导小组办公室. 中国经济发展五十年大事记(1949.10—1999.10)[M]. 北京:人民出版社,1999:358-359.

[7]中共中央政策研究室. 中华人民共和国大事记(1949—2009)[M]. 北京:人民出版社,2009:343-344.

[8]吴晓波. 激荡三十年:中国企业 1978—2008[M]. 北京:中信出版集团,2017:75,129,149.

[9]中国民营经济史·大事记(连载三十九)[EB/OL]. 新浪财经,http://finance.sina.com.cn/roll/20091209/00013139726.shtml.

[10]中国共产党大事记·1983[EB/OL]. 中国共产党新闻,http://cpc.people.com.cn/GB/64162/64164/4416129.html.

[11]《当代中国》丛书编辑委员会．当代中国对外贸易(上)[M]．北京:当代中国出版社,1992:70－71.

[12]抚脉历程——中国改革开放30年大事记(1983—1987)[J]．改革,2008(3):19.

[13]夏效兰.1983年1月经济大事记[J]．上海经济研究,1983(3):21,54－55.

[14]李佐军．中国改革新思维——改出一个“人本市场经济”[M]．北京:电子工业出版社,2013:22.

实行市管县体制
（1983.02）

1983年2月，中共中央、国务院发布《关于地市州党政机关机构改革若干问题的通知》，并决定推广市管县体制。《通知》指出，在进行地、市机构改革时，要以经济发达城市为中心，以广大农村为基础，逐步实行市领导县体制，使城市和农村紧密结合起来。市管县体制的推行，改变了地区行政公署作为省政府派出机关的设置，形成了我国行政层级事实上的省、自治区—地级市—县、自治县、县级市、市辖区—乡、民族乡、镇四级制。

一、重要文件

1983年2月5日，国务院发布《城乡集市贸易管理办法》。

1983年2月8日，中共中央、国务院批准中共四川省委、四川省人民政府《关于在重庆市进行经济体制综合改革试点意见的报告》。

1983年2月9日，国务院批转国家经委等单位《关于加强企业流动资金管理的报告》。

1983年2月11日，国务院批转《国家体改委、商业部关于改革农村商业流通体制若干问题的试行规定》并发出通知。通知指出，面对农村商品生产迅速发展和商品交换规模日益扩大的新形势，农村商品流通体制改革已势在必行。

1983年2月28日，国务院批转财政部《关于国营企业利改税试行办法（草案）的报告》，《报告》指出，所谓利改税，就是将国营企业原来给国家上缴利润的办法，改为按国家规定的税种和税率向国家缴纳税金。

二、重大事件

1983年2月1日，国务院科技领导小组召开第一次会议，动员组织各方面专家献计献策，编制国家长远科技规划。

1983年2月2日，北京市王府井百货大楼、东风市场、西单百货商场、东四人民市场，以及上海市第一百货商店均开始试行经营承包责任制。

1983年2月3日，商业部通知各省、市商业领导部门，要把推行商业承包责任制作为商业改革的一项重要内容，上半年试点，下半年推行，务求在年内有较大的突破。

1983年2月19日，中共中央、国务院批准成立中国石油化工总公司。

1983年2月20日，轻工业部根据各地1980年以来试行改革的经验，总结出经营承包责任制的三种类型和十种形式。

1983年2月21日，中组部负责人在全国企业整顿领导小组召开的会议上指出，在全面企业整顿中，一定要整顿好基层党组织，进一步改善和加强企业党组织的领导。

三、重要论述

1983年2月16日，《人民日报》发表社论《依靠群体自己动手谋福祉》，并指出这应成为城乡建设，包括环境卫生、植树造林、交通建设、加强治安，以及发展文化、教育、科学、体育等事业的基本方针。

1983年2月27日，国家计委副主任房维中在全国综合财政信贷计划工作座谈会上指出，为了搞好国家财力的综合平衡、编制指导性综合财政信贷计划势在必行，各单位要向国家如实报送资金来源和使用情况。

四、重要数据

据河北、山东等13个省区的初步统计，1983年计划安排的粮食播种面积达到111.08亿亩，比1982年增加2800万亩。

新中国成立之后，1950年中日贸易仅仅5900万美元，第一个五年计划开始的 1956 年是 15000 万美元，第三个五年计划开始的 1966 年上升为 62000 万美元，尼克松与田中访华的 1972 年是 11 亿美元，1978 年增至 50 亿美元，1981 年达到 104 亿美元。中日邦交恢复以来的十年间中日贸易几乎增长了 10 倍，据中国方面人民币的统计，1981 年中国的总进口中日本占 25.4%，出口中日本占 22.1%。中国的对外贸易，1953 年第一个五年计划开始时期是 20 亿美元，20 世纪 50 年代末上升为 40 多亿美元，1972 年尼克松访华时期上升为 64 亿美元，1973 年突破 100 亿美元的大关，其后连续四年是 140 多亿美元，至 1978 年突破 200 亿美元，1980 年达 372 亿美元，1981 年公布的数据比 1980 年度增加 29%，大约是 480 亿美元，这样大幅度的激增与 1979 年中美建交不无关系。

五、作者观点

【实行市管县体制，强化中心城市的作用】 1978 年开始，全党和国家的工作重心从“以阶级斗争为纲”转移到“以经济建设为中心”。随着改革开放的推进，地区和市同驻一地的矛盾日益突出，城市管理体制不顺，行政管理开支浪费严重。1982 年，中共中央以（1982）51 号文件发出了改革地区体制、实行市管县体制的通知，并于同年年末首先在江苏省试点，1983 年开始在全国试行。1983 年 2 月 15 日，中共中央、国务院发布《关于地市州党政机关机构改革若干问题的通知》，并决定推广市管县体制。到 1985 年，全国多数地区实行了市管县体制。市管县体制的推行，改变了地区行政公署作为省政府派出机关的设置，形成了我国行政层级事实上的省、自治区—地级市—县、自治县、县级市、市辖区—乡、民族乡、镇四级制。

参考文献

[1]人民日报图文数据库（1946—2018）。

[2]王振川. 中国改革开放新时期年鉴（1982）[M]. 北京：中国民主法制出版社，2015：65－132.

[3]吴晓灵. 中国金融改革大事记[M]. 北京：中国金融出版社，2008：

68 – 69.

[4]黄孟复. 中国民营经济史·大事记[M]. 北京:社会科学文献出版社,2009:166.

[5]中国共产党大事记·1983[EB/OL]. 中国共产党新闻,http://cpc.people.com.cn/GB/64162/64164/4416129.html.

[6]邓力群,马洪,武衡. 当代中国的经济体制改革[M]. 北京:中国社会科学出版社,1984:202 – 203,304.

[7]贾康,刘薇. 构建现代治理基础——中国财税体制改革40年[M]. 广州:广东经济出版社,2017:94,100.

[8]夏效兰. 1983年2月经济大事记[J]. 上海经济研究,1983(4):60,63 – 63.

[9]魏礼群. 建设服务型政府:中国行政体制改革40年[M]. 广州:广东经济出版社,2017:64.

[10]李佐军. 中国改革新思维——改出一个"人本市场经济"[M]. 北京:电子工业出版社,2013:23.

利改税，城市经济体制改革的重要突破口
（1983. 03）

1983 年 3 月，全国利改税工作会议结束，会议决定，从 1983 年 6 月 1 日起国营企业全面实行利改税。“利改税”是国营企业改革的一个重要举措，也是城市经济体制改革的重要突破口。

一、重要文件

1983 年 3 月 2 日，国务院批转财政部《国营企业利改税试行办法（草案）》。

1983 年 3 月 11 日，国家经委、国家计委等六部门联合发布《定期公布主要经济效果指标的暂行规定》。

1983 年 3 月 16 日，外经贸部发布《关于进一步办好合资经营企业的报告》。《报告》指出，必须采取果断措施，解决好以下几个问题：制定规划，有重点地发展合营企业，适当放宽政策。抓紧对外经济立法工作，明确规定合营企业的经营自主权，要加强管理，实行集中统一领导。

1983 年 3 月 24 日，国家计委发布《关于举办商品粮基地县试行办法的通知》。

二、重大事件

1983 年 3 月 2 日，劳动人事部发出通知，要求已试行劳动合同制的地区要搞好各项改革的配套；未试行的地区，在年内抓好一两个市、县的试点，把用工制度的改革坚决而有秩序地进行下去。

1983 年 3 月 6 日，全国物资局长会议决定改革管理体制，以城市为中心组织货物流通。

1983 年 3 月 12 日，城乡建设环境保护部住宅局在京召开全国城镇住宅制度改革座谈会。会议讨论如何打破城镇住宅由国家包下来的老一套作法，从立法、政策、体制、经济等方面进行全面系统的改革。

1983 年 3 月 21 日，国务院在北京召开全国工交会议。会议提出工业管理体制要遵循五条原则，强调当前主要是对国营企业推行以税代利的改革，坚持以提高经济效益为中心，实现速度和效益的统一；继续贯彻执行调整、改革、整顿、提高八字方针，加快改革步伐，促进企业的整顿和调整。

1983 年 3 月，国务院物价小组正式成立；交通部将组建长江航务管理局；中国石油化工总公司、中国光大实业公司、中国科技咨询服务中心成立。

三、重要论述

《天津社会科学》(1983 年第 1 期) 刊发马洪的《充分发挥沿海城市在社会主义现代化建设中的作用》。文章指出，内联外济是沿海城市实行对外开放的发展战略的一个极为重要的方针。第一，面向国际市场，发展对外贸易，加强国际经济合作和技术交流，是沿海地区的重要任务。第二，沿海城市要重视为发展内地经济服务。第三，沿海内地要实行有效的经济联合，沿海要带动内地共同提高。

《财政》(1983 年第 5 期) 刊发周叔莲的《进一步调整和改革不合理的经济结构》。文章指出，合理的经济结构是实现财政经济状况根本好转的必要条件。经济结构其他方面、其他层次的状况，诸如工业内部的产业结构和产品结构、企业组织结构等，对国民经济的发展也有着重要的影响。

四、重要数据

1983 年 3 月 7 日，《经济日报》发表社论《加快供销体制改革的步伐》。据统计，从 1982 年开始，各地供销社体制改革的试点县已有 613 个，占总县数 31%，其中建立县联社的有 237 个，占试点县的 35%。

1983 年 3 月 21 日，我国自 1979 年颁布《中华人民共和国中外合资经营企业法》到3月为止,得到正式批准的合资企业有78个,加上各种类型的合作经营、合作开发项目,总共有600多个,吸收外资达71亿美元。

五、作者观点

【利改税,城市经济体制改革的重要突破口】 利改税是国营企业改革的一个重要举措。国营企业实行利改税,是在充分酝酿和经过几年试点后推进的一项重大改革。为进一步调整国家与企业的分配关系,调动和激发企业发展生产的积极性,我国先后于1983年、1984年实行了两步利改税改革。利改税的第一步改革——利改税试行办法自1982年五届全国人大五次会议出台之后,国务院决定加快国营企业利改税的步伐。1983年3月,全国利改税工作会结束,会议决定自1983年6月1日起国营企业全面实行利改税。利改税把执行多年的利润上缴方式,改成有比例的纳税制度。从日后的执行情况看,利改税第一步改革比利润留成、利润包干等办法有很大的改进。其优点:第一,利改税是国家与国营企业分配关系的重大改革,符合经济体制改革的方向和要求。它突破了长期以来对国营企业不能征收所得税的理论禁区,第一次把国营企业作为独立的商品生产者纳入了所得税的纳税人范围,把国家与企业的分配关系纳入了固定的轨道。这对于加强企业的经营管理和稳定国家财政收入,起到了很好的作用。第二,利改税打破了长期以来国营企业吃国家"大锅饭"的局面,比较好地处理了国家、企业和职工个人三者的利益关系,体现了"国家得大头,企业得中头,个人得小头"的原则,扩大了企业财权,调动了企业积极性。第三,国营企业按规定上缴所得税后,税后利润留给企业,使企业在健全经济责任制、改善经营管理、提高经济效益方面有了压力和动力。第四,利改税后各类各级企业不论隶属关系如何,都要向中央和所在地方纳税,有利于打破部门、地区界限和减少不必要的行政干预,按照客观经济规律组织社会化生产,为财政管理体制改革创造了条件。利改税的第一步改革,在解决国家与企业分配关系的探索中取得了初步经验,但也存在许多需要进一步完善的地方,主要表现在:第一步利改税,税种比较单一,难以发挥税收调节经济的杠杆作用;税后利润的分配办法仍然比较繁杂,国家同企业的分配关系还没有定型;企业之间留利差别悬殊等问题。这些问题都需要在第二步“利改税”改革中进一步解决。

参考文献

[1]人民日报图文数据库(1946—2018)。

[2]王振川. 中国改革开放新时期年鉴(1983)[M]. 北京:中国民主法制出版社,2015:133-204.

[3]黄孟复. 中国民营经济史·大事记[M]. 北京:社会科学文献出版社,2009:166-167.

[4]中央财经领导小组办公室. 中国经济发展五十年大事记(1949.10—1999.10)[M]. 北京:人民出版社,1999:348.

[5]吴晓波. 激荡三十年:中国企业1978—2008[M]. 北京:中信出版集团,2017:142-143.

[6]中国共产党大事记·1983[EB/OL]. 中国共产党新闻,http://cpc.people.com.cn/GB/64162/64164/4416129.html.

[7]夏效兰.1983年3月经济大事记[J]. 上海经济研究,1983(5):60,63-63.

[8]贾康,刘薇. 构建现代治理基础——中国财税体制改革40年[M]. 广州:广东经济出版社,2017:188-192.

[9]马洪. 充分发挥沿海城市在社会主义现代化建设中的作用[J]. 天津社会科学,1983(1):4-13.

[10]周叔莲. 进一步调整和改革不合理的经济结构[J]. 财政,1983(5):11.

[11]李佐军. 中国改革新思维——改出一个“人本市场经济”[M]. 北京:电子工业出版社,2013:23-24.

探索新型劳动用工制度
(1983.04)

1983年4月,《劳动工作》刊发刘有锦的《匈牙利的劳动合同制》,文章指出,企业有权自行招收辞退职工,同时,职工有选择职业的自由,并提出劳动力自由流动利大于弊的三个理由和消除对社会经济产生不利影响的五项措施。

一、重要文件

1983年4月1日,中共中央、国务院批转《关于加快海南岛开发建设问题讨论纪要》,决定对海南岛也实行经济特区的优惠政策。

1983年4月1日,国务院颁布《国营工业企业暂行条例》。规定国营工业企业是社会主义全民所有制的经济组织,实行党委领导下的厂长(经理)负责制和党委领导下的职工代表大会制。

1983年4月13日,国务院发布《关于城镇劳动者合作经营的若干规定》和《〈关于城镇非农业个体经济若干政策性规定〉的补充规定》。

1983年4月24日,国务院同意并批转财政部《关于全国利改税工作会议的报告》和《关于国营企业利改税试行办法》。征税时间从1983年1月1日起计算,6月1日起实行。

1983年4月28日,国务院批转教育部、国家计委《关于加速发展高等教育的报告》,提出教育必须先行,加速发展高等教育刻不容缓。

二、重大事件

1983年4月1日，第一辆桑坦纳轿车在上海组装成功。

1983年4月1日，国务院批准成立中国有色金属工业总公司。

1983年4月7日，中国第一所综合性法律大学——中国政法大学成立。

1983年4月15日，中国科学院物理所陈春先等11名科技人员在北京等离子体学会先进技术发展服务部的基础上创办了北京市华夏新技术开发研究所，陈春先任所长。

三、重要论述

《高等教育研究》(1983年第1期)刊发厉以宁的《教育管理中的几个经济理论问题》。文章指出，智力投资的经济效果和教育的社会经济功能是两个不同的概念。受教育者德、智、体的全面发展，教育工作中德育、智育和体育的统一，才是判断智力投资最终成果，或测定智力投资有效性和无效性的依据。并提出，升学率指标是片面的、有很大局限性的指标。教学工作不能单纯追求升学率，忽视学生德、智、体诸方面的全面发展。

四、重要数据

截至1982年年底，我国外汇储备已达111.25亿美元，比1981增加一倍，黄金储备基本不变。

五、作者观点

【探索新型劳动用工制度】　改革开放后，我国对高度集中的计划经济体制进行改革，必然也要对与这种体制相适应的固定工制度进行改革。1981年中共中央42号文件明确指出，要实行合同工、临时工、固定工等多种形式的用工制度，逐步做到人员能进能出。在劳动用工制度的改革探索中，最重要的是实行劳动合同制。匈牙利在1968年经济体制改革中，重视市场调节，职工有权自由选择职业，并与企业建立劳动关系，签订劳动合同。准许职工自由择业后，匈牙利劳动力的流动性显著上升。1983年2月，我国在总结各地经验的基础上，劳动人事部下发《关于积极试行劳动合同制的通知》，正式开始在国营企业进行劳动合同制度的改革和试点工作，试行对象为新招用的工人。劳动合同制的试点一开始就伴随着激烈的争论，有关劳动合同制与发展劳动力市场、劳动力是否是商品等争论一起成为改革初期劳动保障领域的热点问题。但不管怎么说，试行劳动合同制这一劳动用工制度改革，是探索新型劳动用工制度的一项重要举措。

参考文献

［1］人民日报图文数据库（1946—2018）。

［2］王振川．中国改革开放新时期年鉴（1983）［M］．北京：中国民主法制出版社，2015：205－284.

［3］中华全国工商业联合会，香港经济导报社，中国民（私）营经济研究会．中国私营经济年鉴［M］．北京：中国审计出版社，2005：207.

［4］中共中央政策研究室．中华人民共和国大事记（1949—2009）［M］．北京：人民出版社，2009：346－347.

［5］中国共产党大事记·1983［EB/OL］．中国共产党新闻，http://cpc.people.com.cn/GB/64162/64164/4416129.html.

［6］吴晓灵．中国金融改革大事记［M］．北京：中国金融出版社，2008：69－70.

［7］黄孟复．中国民营经济史·大事记［M］．北京：社会科学文献出版社，2009：167.

［8］中央财经领导小组办公室．中国经济发展五十年大事记（1949.10—1999.10）［M］．北京：人民出版社，1999：360－361.

［9］中国民营经济史·大事记（连载三十九）［EB/OL］．新浪财经，http://finance.sina.com.cn/roll/20091209/00013139726.shtml.

［10］中国共产党大事记·1983［EB/OL］．中国共产党新闻，http://cpc.people.com.cn/GB/64162/64164/4416113.html.

［11］宋晓梧．构建共享型社会——中国社会体制改革40年［M］．广州：广东经济出版社，2017：2.

[12]厉以宁. 教育管理中的几个经济理论问题[J]. 高等教育,1983(1):47－53.

[13]刘有锦. 匈牙利的劳动合同制[J]. 劳动工作,1983(4):20,30.

[14]李佐军. 中国改革新思维——改出一个“人本市场经济”[M]. 北京:电子工业出版社,2013:24－25.

国务院批准成立全国高等教育自学考试指导委员会（1983.05）

1983年5月，国家有关部门密集出台了一系列教育体制改革方面的政策和措施。其中，国务院批准成立全国高等教育自学考试指导委员会，并同意在全国各省、市、自治区逐步推行高等教育自学考试制度，尤为引人注目。这是我国改革开放后教育体制改革的一件大事。

一、重要文件

1983年5月6日，中共中央、国务院发布《关于加强和改革农村学校教育若干问题的通知》。《通知》指出，农村学校的任务，主要是提高新一代农村劳动者的文化科学水平；普及初等教育；改革农村中等教育结构，发展职业技术教育。

1983年5月6日，国务院颁发《关于城镇集体所有制经济若干政策问题的暂行规定》。

1983年5月9日，教育部、劳动人事部、财政部、国家计委联合发布《关于改革城市中等教育结构、发展职业技术教育的意见》。

二、重大事件

1983年5月1日，国务院成立山西能源基地规划办公室，着手制定规划，要求各部门和地方积极支持，做到煤、运、电、水同步发展。

1983 年 5 月 4 日，北京市海淀区和中科院联合创办了科海新技术开发公司，这是中关村第一家高科技企业。

1983 年 5 月 14 日，国务院成立电子计算机和集成电路领导小组。

1983 年 5 月 27 日，我国首批博士诞生。

1983 年 5 月，北京人艺将阿瑟·米勒创作于 1949 年的《推销员之死》搬上舞台，这是“文化大革命”后第一部在中国上演的外国戏剧。

三、重要论述

《预测》(1983 年第 5 期) 刊发马洪的《开展二〇〇〇年的中国的研究》。文章指出，要研究国外在经济发展战略方面的理论和方法；要研究并且建立我国的经济社会发展的目标体系，以及对经济发展的预测、评价，社会发展的预测、评价的理论和方法；要研究在 20 世纪末我们国家的社会环境和生产系统、经济区域和城市系统、社会经济及信息系统，探讨上述这些系统的相互依存、相互补充和相互制约的机制和条件；要研究 20 世纪末我们国家科学技术的特点、水平和能力，以及科学技术进步对社会经济发展适应的程度和影响的程度，着重研究怎样发挥科学技术进步的作用，来加速我们的经济增长。

四、重要数据

1983 年 5 月 19 日，中国社队企业联合总公司成立。截至 1983 年 5 月，全国共有社队企业 130 多万个，从业人员 3000 万名，工业产值占全国 10%。

五、作者观点

【国务院批准成立全国高等教育自学考试指导委员会】 国家与国家的竞争，企业与企业的竞争，归根到底是人才的竞争。因此，建立健全职业教育体系，通过高等教育体制变革，适应培育人才的需要，就显得尤为重要。普通高考教育多年来一直是我国高等教育体系的主流，但非主流的教育体系也有其存在的必要性，例如自学考试、成人高考、函授教育、党校等。“一考定终身”“学历无用论”“高分低能”等论调，从侧面说明了我国高等教育体系存在着一定程度的缺陷。1983 年 5 月,国务院批准成立全国高等教育自学考试指导委员会,并同意在全国各省、市、自治区逐步推行高等教育自学考试制度。这是我国教育体制改革的一件大事,体现了“教育面前,人人平等”的原则。

参考文献

[1]人民日报图文数据库(1946—2018)。

[2]王振川. 中国改革开放新时期年鉴(1983)[M]. 北京:中国民主法制出版社,2015:285 - 364.

[3]中共中央政策研究室. 中华人民共和国大事记(1949—2009)[M]. 北京:人民出版社,2009:347 - 348.

[4]黄孟复. 中国民营经济史·大事记[M]. 北京:社会科学文献出版社,2009:167.

[5]中国民营经济史·大事记(连载三十九)[EB/OL]. 新浪财经,http://finance.sina.com.cn/roll/20091209/00013139726.shtml.

[6]中国共产党大事记·1983[EB/OL]. 中国共产党新闻,http://cpc.people.com.cn/GB/64162/64164/4416113.html.

[7]宋晓梧. 构建共享型社会——中国社会体制改革 40 年[M]. 广州:广东经济出版社,2017:2.

[8]马洪. 开展二〇〇〇年的中国的研究[J]. 预测,1983(5):5 - 12.

[9]李佐军. 中国改革新思维——改出一个“人本市场经济”[M]. 北京:电子工业出版社,2013:25 - 26.

我国第一个招标投标部门规章诞生
（1983.06）

1983年6月，我国城乡建设环境保护部颁发《建筑工程招标投标试行办法》，这是我国建设工程招标投标的第一个部门规章，也是第一个对招标投标作出较详尽规定的办法，它的颁布为我国推行招标投标制度奠定了基础。

一、重要文件

1983年6月5日，国务院批准《城镇个人建造住宅管理问题》。

1983年6月15日，国务院发布《中华人民共和国金银管理条例》。《条例》规定，国家对金银实行统一管理、统购统销的政策。

1983年6月20日，国家计委等部门联合发布《关于更新改造措施和基本建设划分的暂时规定》。

1983年6月25日，国务院发出批转中国人民银行《关于国营企业流动资金改由人民银行统一管理的报告》。《报告》提出，从1983年7月1日起，国营企业的流动资金，全部改由银行贷款供应，国家财政不再增拨流动资金。

1983年6月25日，国家工商行政管理局、财政部发布《关于个体工商业户管理费收取的暂行规定》。

二、重大事件

1983年6月1日，世界银行拟向我国贷款24亿美元。

1983年6月1日，《中国日报》北美版在纽约发行。

1983年6月5日，国务院批准太原市总体规划。

1983年6月7日，六届全国人大一次会议在京开幕。

三、重要论述

《经济技术》(1983年第3期)刊发了于光远的《标准化与经济效益——1983年1月9日在全国标准化经济效果讨论会上的讲话》。文章指出，标准化工作是一种在实际经济工作中专门处理"一"和"多""同"和"异"的问题。有了统一的标准件生产，可以大大提高劳动效率。标准化又要求多样化，有了各种不同标准的多样化，就可以适应社会对产品的多样性需求。

《东岳论丛》(1983年第3期)刊发周叔莲的《抓好大企业是一个战略问题》。文章指出，大企业是各个工业部门的骨干，是国民经济的命脉，是实行经济振兴的基础。要把大企业作为企业整顿的重点、技术改造的重点、体制改革的重点。有大量的中小企业为大企业配套协作，大企业的迅速进步和发展必将带动中小企业的生产发展和技术进步，从而推动整个国民经济的发展。解决大企业存在的问题，一方面，要求国家给大企业发展生产提供必要的条件，加强对大企业的领导；另一方面，要充分调动大企业改善经营管理的主动性和创造性。

四、重要数据

1983年6月7日，全国节能工作会议召开。会议指出，1980—1982年，共少用和节约标准煤8000多万吨，其中1982年节约和少用2000万吨，每一亿元工业产值能耗为7.33万吨，比1981年下降4.1%。

从党的十一届三中全会到1983年的四年间，我国农民在各地农业银行和信用社的存款比1978年增加355亿元，而发放给农民的各项贷款增加了10亿元，存款比贷款高出45亿元。1982年，农民个人储蓄已达282亿元。

五、作者观点

【我国第一个招标投标部门规章诞生】 招标与投标是国际上普遍运用的项目采购方式。从20世纪80年代开始，我国逐步推行招标投标制。先后在利用国外贷款、机电设备进口、建设工程发包等领域实施,并逐步规范化。我国建设工程招投标制度经历了试行—推广—发展三个过程。1980 年,根据国务院文件精神,我国的吉林省和深圳特区率先试行招投标,收效良好。1982 年 9 月,我国利用世界银行货款对鲁布革水电站引水工程进行公开招投标。1983 年 6 月,城乡建设环境保护部颁发了《建筑工程招标投标试行办法》,这是我国建设工程招标投标的第一个部门规章,它的颁布为我国推行招标投标制度奠定了基础。

参考文献

[1]人民日报图文数据库(1946—2018)。

[2]王振川. 中国改革开放新时期年鉴(1983)[M]. 北京:中国民主法制出版社,2015:365 - 471.

[3]中共中央政策研究室. 中华人民共和国大事记(1949—2009)[M]. 北京:人民出版社,2009:348.

[4]中央财经领导小组办公室. 中国经济发展五十年大事记(1949. 10—1999. 10)[M]. 北京:人民出版社,1999:361 - 362.

[5]夏效兰. 1983 年 6 月经济大事记[J]. 上海经济研究,1983(8):62 - 65.

[6]黄孟复. 中国民营经济史·大事记[M]. 北京:社会科学文献出版社,2009:167.

[7]中华全国工商业联合会,香港经济导报社,中国民(私)营经济研究会. 中国私营经济年鉴[M]. 北京:中国审计出版社,2005:207.

[8]吴敬琏,马国川. 中国经济改革二十讲[M]. 北京:生活·读书·新知三联书店,2012:150.

[9]中国共产党大事记·1983[EB/OL]. 中国共产党新闻,http://cpc. people. com. cn/GB/64162/64164/4416129. html

[10]郑新立,徐伟,鲁明. 从计划到市场——中国计划投资体制改革 40 年[M]. 广州:广东经济出版社,2017:240 - 242.

[11]周叔莲. 抓好大企业是一个战略问题[J]. 东岳论丛,1983(3):30 - 34.

[12]于光远．标准化与经济效益——1983 年 1 月 9 日在全国标准化经济效果讨论会上的讲话[J]．技术经济，1983(3)：3－6.

[13]李佐军．中国改革新思维——改出一个“人本市场经济”[M]．北京：电子工业出版社，2013：27.

“深宝安”股票凭证诞生
（1983.07）

1983年7月，中国宝安集团前身宝安县联合投资公司正式成立，并发行了新中国第一张不能自由买卖的股票——“深宝安”股票凭证。

一、重要文件

1983年7月9日，国务院发布《关于严格控制基本建设规模，清理在建项目的紧急通知》。

1983年7月13日，国务院发布《中华人民共和国经济仲裁条例》《关于科技人员合理流动的若干规定》。

1983年7月19日，国务院批准《对侨资企业、外资企业、中外合资经营企业外汇管理施行细则》。《细则》规定侨资企业、外资企业、中外合资经营企业应在中国境内的中国银行或者经国家外汇管理局或其分局批准的其他银行开立人民币存款账户和外汇存款账户，由开户银行监督收付。

1983年7月19日，中共中央办公厅、国务院办公厅转发国家科委党组《关于当前农村科技工作和体制改革的若干意见》。

1983年7月22日，国务院公布《机械电子工业技术改造试行条例》。《条例》要求力争主要产品在10～15年内达到经济发达国家20世纪70年代或20世纪80年代初期的水平。

二、重大事件

1983 年 7 月 2 日，国务院决定从今后起陆续把国营企业的流动资金改由中国人民银行统一管理。国营企业的流动资金，全部改由银行提供，国家财政不再增拨流动资金。

1983 年 7 月 12 日，国务院决定成立外贸体制改革小组。小组计划于 1983 年年底提出外贸体制改革方案上报国务院。

1983 年 7 月 20 日，中共中央组织部召开全国组织工作座谈会。会议强调，以改革的精神加速领导班子的革命化、年轻化、知识化、专业化建设。

1983 年 7 月 28 日，全国物价工作会议制定了若干条政策界限，讨论了保持市场物价基本稳定的措施。

1983 年 7 月，义乌县政府投资 58 万元，建造起一个占地 220 亩的摊棚式市场，这是当时中国最先进的专业市场。

三、重要论述

《中国社会科学》(1983 年第 4 期)刊发于光远、孙尚清等学者的《经济科学如何为现实服务座谈会发言摘要》。其中，赵履宽在《要提倡多学科协作，建立边缘学科》中提到，要采用多学科协作的办法来解决复杂的社会经济问题。在现代社会里，许多重要的经济问题是和社会问题、环境问题、资源问题、生态问题、伦理问题，以及社会心理问题紧密地交织在一起的，单纯依靠经济手段很难妥善地解决这类问题。有计划地组织经济学家、社会学家、社会心理学家、科技专家、自然科学家共同攻关，是妥善解决这类问题的有效途径。

《金融研究》(1983 年第 7 期)刊发曹凤岐的《试论我国信贷资金来源与运用的关系》。文章指出，信贷资金运用创造信贷资金来源是一个普遍规律；信贷资金来源决定信资金运用；信贷资金运用对信贷资金来源有积极影响；信贷资金来源与运用是互为前提、互相依赖、互相转化、互相促进的。

四、重要数据

1983 年 7 月 3 日,全国基本建设超过概算的现象十分突出。在 70 个大中型项目中,已有 46 个项目的投资超过概算 84 亿元,占这 46 个项目概算 212 亿元的 40%。

1983 年 7 月 12 日,中国石油化工总公司在北京成立。这个公司是国务院直属的经济实体,对所属企业的人财物、产供销、内外贸实行集中领导、统筹规划、统一管理。总公司所属 39 个大中型企业在 1982 年底的固定资产原值 179 亿元,工业总产值占全国工业总产值 4. 2%,实现利税占全国财政收入的 8. 5%。

五、作者观点

【"深宝安"股票凭证诞生】　深圳经济特区作为中国改革开放的试验田,党中央和国务院赋予它为我国体制改革闯关、探索新路子的历史使命。1983 年 7 月,宝安县委、县政府做出决定:批准县联合投资公司发行股票,面向全国公开招股集资,这是一个要承担一定政治风险和冒着经济亏损失败危险的重大抉择。于是,中国宝安集团前身宝安县联合投资公司正式成立,并发行了新中国第一张不能自由买卖的股票——"深宝安"股票凭证。此后,宝安县联合投资公司一路在制度创新上开疆拓土:发行新中国第一张可转换债券,发行新中国第一张中长期认股权证,首次通过证券二级市场收购上市公司,开办新中国第一个财务顾问公司等。集资成立宝安联合投资公司和发行新中国第一张不能自由买卖的股票,对深圳股份合作经济的建立和发展,加速引进外资,推进城乡协调发展,改变农村政社合一的体制起到了巨大的推动作用。从 1983 年开始,深圳的股份合作公司就犹如雨后春笋般建立起来了。

参考文献

[1]人民日报图文数据库(1946—2018)。

[2]王振川. 中国改革开放新时期年鉴(1983)[M]. 北京:中国民主法

制出版社,2015:472－562.

[3]中共中央政策研究室. 中华人民共和国大事记(1949—2009)[M]. 北京:人民出版社,2009:349－350.

[4]中国民营经济史·大事记(连载三十九)[EB/OL]. 新浪财经,http://finance.sina.com.cn/roll/20091209/00013139726.shtml.

[5]孙锦华,夏效兰. 1983 年 7 月经济大事记[J]. 上海经济研究,1983(9):63－66.

[6]黄孟复. 中国民营经济史·大事记[M]. 北京:社会科学文献出版社,2009:167.

[7]中央财经领导小组办公室. 中国经济发展五十年大事记(1949.10—1999.10)[M]. 北京:人民出版社,1999:362.

[8]深圳创新发展研究院. 李广镇:领导发行了全国第一张股票[EB/OL]. 新浪财经,http://finance.sina.com.cn/meeting/2018－01－09/doc－ifyqnici7795415.shtml.

[9]曹凤岐. 试论我国信贷资金来源与运用的关系[J]. 金融研究,1983(7):14－16.

[10]赵履宽. 要提倡多学科协作,建立边缘学科. 经济科学如何为现实服务座谈会发言摘要[J]. 中国社会科学,1983(4):58－71.

[11]李佐军. 中国改革新思维——改出一个"人本市场经济"[M]. 北京:电子工业出版社,2013:27.

决定成立引进国外人才领导小组
（1983.08）

1983年8月，中共中央、国务院发布《关于引进国外智力以利四化建设的决定》，并指出，引进国外人才是加强我国四化建设的战略方针，并决定成立引进国外人才领导小组。以此为标志，我国引智事业进入到新的历史时期。

一、重要文件

1983年8月10日，国务院发布《关于整顿和加强统配物资管理的通知》。

1983年8月22日，国务院发布《中华人民共和国经济合同仲裁条例》，决定由国家工商行政管理局和地方各级工商行政管理局设立经济合同仲裁委员会，负责处理经济合同履行中发生的经济纠纷。

1983年8月26日，中国人民银行、国家经委、财政部联合发布《关于国营企业流动资金改由人民银行统一管理的有关问题的通知》。

1983年8月27日，国务院发布《关于严格控制货币投放、积极组织货币回笼的通知》。

二、重大事件

1983年8月2日，中共中央、国务院批准北京城市建设总体规划方案。

1983年8月6日，国务院决定，对全国企业领导干部实行国家统一考试。

1983年8月8日，中央和国家机构改革小组提出巩固机构改革成果要解决的五个问题：一是进一步明确各部委的主要任务和职责；二是适当地层层放权；三是逐步建立科学的领导体系；四是机关服务工作企业化、社会化；五是使干部结构更合理。

1983 年 8 月 18 日，长江口开发整治领导小组经国务院批准成立。

三、重要论述

《经济理论与经济管理》(1983 年第 4 期)刊发周叔莲的《基本建设规模和社会经济机制》。文章分析了当时基本建设规模难以控制的原因。指出解决这些问题需要完善社会经济机制：一是改革经济管理体制；二是加强和改进计划管理；三是学会善于利用各种经济杠杆；四是加强经济立法和经济司法；五是加强思想政治工作；六是开展有关的研究工作。

《天津社会科学》(1983 年第 4 期)刊发于光远的《对各国政府机构作比较研究》。文章指出，对各国政府机构进行比较研究，是改革我国政府机构的需要。可侧重以下三个方面研究：一是各国政府机构设置的原则；二是各国政府管理经济、科学教育文化和社会事务机构设置的特点；三是各国政府机构改革。

四、重要数据

据国家统计局统计，1983 年上半年经济发展形势：农业方面，夏粮预计约 8200 多万吨，比 1982 年增产一成以上。工业方面，预算内国营工业企业销售收入增长 6%，实现利润和税金增长 3.2%。劳动就业方面，新安置就业人员 250 万人。1983 年 6 月底，全国职工总数已达 11292 万人。

五、作者观点

【决定成立引进国外人才领导小组】　引进国外智力是我国对外开放政策的重要组成部分。改革开放之初，我国有关部门有计划、有步骤地邀请华侨华人学者、专家和其他人才来华工作，主要是讲学、进行学术和技术交流。当时，党内在这个问题上思想还不够解放，思路没有完全打开。针对这种情况，1983 年 7 月 8 日，邓小平明确提出要利用外国智力。根据这个具有战略意义的设想,1983 年 8 月 24 日,中共中央、国务院发布《关于引进国外智力以利四化建设的决定》,并决定成立引进国外人才领导小组。以此为标志,引智事业进入全面开创、前所未有的历史发展时期。这一时期,引智工作紧紧围绕改革开放、国民经济发展、工农业生产中迫切需要解决的技术和管理问题,以派留学生出国深造、吸引华裔学者回国工作、选派工商企业人员出国(境)培训、聘请外国退休专家学者等方式,组织实施引智项目,有效解决了现代化建设中经验不足、知识不足和人才不足的问题,以及能不能大胆利用外国智力的问题,为顺利实现党和国家工作中心的转移,扩大对外开放和加速现代化建设起到了重要的推动作用,提供了重要的海外人才和智力保障。

参考文献

[1]人民日报图文数据库(1946—2018)。

[2]王振川. 中国改革开放新时期年鉴(1983)[M]. 北京:中国民主法制出版社,2015:563-651.

[3]中华全国工商业联合会,香港经济导报社,中国民(私)营经济研究会. 中国私营经济年鉴[M]. 北京:中国审计出版社,2005:208.

[4]吴晓灵. 中国金融改革大事记[M]. 北京:中国金融出版社,2008:73-74.

[5]中共中央政策研究室. 中华人民共和国大事记(1949—2009)[M]. 北京:人民出版社,2009:350-351.

[6]中国民营经济史·大事记(连载三十九)[EB/OL]. 新浪财经,http://finance.sina.com.cn/roll/20091209/00013139726.shtml.

[7]夏效兰. 1983 年 8 月经济大事记[J]. 上海经济研究,1983(10):62-64.

[8]黄孟复. 中国民营经济史·大事记[M]. 北京:社会科学文献出版社,2009:167-178.

[9]中央财经领导小组办公室. 中国经济发展五十年大事记(1949.10—1999.10)[M]. 北京:人民出版社,1999:363.

[10]周叔莲. 基本建设规模和社会经济机制[J]经济理论与经济管理,

1983(4):9 - 15.

[11]于光远．对各国政府机构作比较研究[J]．天津社会科学,1983(8):6 - 7,24.

[12]卓成霞．60 年来我国引进国外智力的发展与超越[N]．石家庄经济学院学报,2009(12):94 - 98.

[13]李佐军．中国改革新思维——改出一个“人本市场经济”[M]．北京:电子工业出版社,2013:27.

《中外合资经营企业法实施条例》出台
（1983.09）

1983年9月，国务院发布《中华人民共和国中外合资经营企业法实施条例》，这是我国利用外资的一个非常重要的法规，对加快我国境内的合营企业发展，提供了法律保证。

一、重要文件

1983年9月1日，国务院批转国家物价局等部门《关于进一步放开小商品价格的报告》。《报告》提出，增加一批放开的品种，第二批再开放350种(类)，农村小商品专业市场应运而生。

1983年9月1日，国务院发布《中华人民共和国财产保险合同条例》。

1983年9月2日，六届人大常委会第二次会议通过《中华人民共和国海上交通安全法》。

1983年9月3日，中共中央、国务院发布《关于加强利用外资工作的指示》。《指示》指出，当前，我国利用外资的方式主要有两大类：一类是借用外国资金，另一类是外商直接投资。应尽可能利用外国政府和国际金融组织的中低利率、中长期贷款，加快重点项目基础设施的建设；同时也要尽可能多地吸收一些直接投资，以加快现有企业的技术改造。

1983年9月17日，国务院发布《关于中国人民银行专门行使中央银行职能的决定》，规定中国人民银行专门行使中央银行职能，不再兼办工商信贷和储蓄业务。这是银行体制的一次重大改革。

1983年9月20日，国务院发布《建设税征收暂行办法》。

二、重大事件

1983年9月15日，中华人民共和国审计署在北京成立。根据宪法规定，我国实行审计监督制度，这是加强财政经济管理、发扬社会主义民主、健全社会主义法制的一项重要措施。

1983年9月28日，新华社报道，国务院决定中国人民银行专门行使中央银行职能，成立中国工商银行，承担工商信贷和储蓄业务。

1983年9月28日，新华社报道，国务院决定从10月1日起在全国统一征收建筑税。

三、重要论述

《环境保护》(1983年第9期)刊发马洪的《重视保护和改善环境的工作——纪念第一次全国环境保护会议及〈环境保护〉杂志创刊十周年》。文章指出，在经济和社会发展过程中，应注意保护和改善环境，求得生态平衡，使经济和社会的发展实现良性循环，避免经济发达国家所出现的种种弊端和社会公害。

《经济研究》(1983年第9期)刊发童大林和刘吉的《略论经济领导》。文章指出，党的十一届三中全会以后，党的工作重心已经转移到经济建设上来了。不仅政治领导、思想领导和行政领导应该适应经济工作的要求，要有新的创造和提高。更重要的是，领导经济工作还必须实行经济领导。政治领导、思想领导和行政领导与经济领导是互相补充、互相渗透和互相促进的关系。

四、重要数据

1983年9月6日，中日贸易总额1982年为89亿美元，我国获得19亿美元的贸易顺差。

五、作者观点

【《中外合资经营企业法实施条例》出台】　党的十一届三中全会以后，

我国对外实行开放政策,在独立自主、自力更生的基础上,积极吸引和利用外资,引进先进技术,扩大对外经济技术合作,以促进我国经济的发展。1979 年 7 月 1 日颁布的《中外合资经营企业法》(以下简称《合营企业法》)是当时颁布的七个大法中的一个。我国从进一步放宽对外开放政策、吸收更多的外资投入我国四化建设出发,在总结四年多创办合营企业经验的基础上,制定了《中华人民共和国中外合资经营企业法实施条例》(以下简称《实施条例》),并由国务院于 1983 年 9 月 20 日发布实施。《实施条例》对建立和经营合营企业过程中产生或可能产生的、或在《合营企业法》、或其他涉外经济法规中没有明确规定的一些问题,作出了具体的规定。《实施条例》是对《合营企业法》和其他涉外经济法规的重要补充。它的公布和实施,对于加快我国境内合营企业的发展,提供了法律保证,具有重要意义。1979 年公布的《合营企业法》就像一个宣言,向全世界公开宣布,我国欢迎外国投资者的投资。它对《合营企业法》作了符合我国实际情况的阐述,使之条例化,并依据我国当时建立合营企业的经验加以补充完善。这是我国对外经济立法中的一个重要文件。

参考文献

[1]人民日报图文数据库(1946—2018)。

[2]王振川. 中国改革开放新时期年鉴(1983)[M]. 北京:中国民主法制出版社,2015:652 -766.

[3]中华全国工商业联合会,香港经济导报社,中国民(私)营经济研究会. 中国私营经济年鉴[M]. 北京:中国审计出版社,2005:208.

[4]吴晓灵. 中国金融改革大事记[M]. 北京:中国金融出版社,2008:74 -76.

[5]中共中央政策研究室. 中华人民共和国大事记(1949—2009)[M]. 北京:人民出版社,2009:351 -352.

[6]中国民营经济史 · 大事记(连载三十九)[EB/OL]. 新浪财经,http://finance. sina. com. cn/roll/20091209/00013139726. shtml.

[7]黄孟复. 中国民营经济史 · 大事记[M]. 北京:社会科学文献出版

社,2009:168.

[8]中央财经领导小组办公室. 中国经济发展五十年大事记(1949.10—1999.10)[M]. 北京:人民出版社,1999:363-364.

[9]吴晓波. 激荡三十年:中国企业1978—2008[M]. 北京:中信出版集团,2017:144.

[10]周子亚. 中外合资经营企业法及其实施条例的分析研究[J]. 商业经济与管理,1985(5):46-56.

[11]姚壮.《中华人民共和国中外合资经营企业法实施条例》与合营企业的发展[N]. 外交学院学报,1984(7):21-25.

[12]蒋恩慈. 促进中外合营企业发展的新准则——《中外合资经营企业法实施条例》浅析[J]. 社会科学,1984(4):50-53.

[13]马洪. 重视保护和改善环境的工作纪念第一次全国环境保护会议《环境保护》杂志创刊十周年[J]. 环境保护,1983(9):4.

[14]童大林,刘吉. 略论经济领导[J]. 经济研究,1983(9):4-10.

[15]李佐军. 中国改革新思维——改出一个"人本市场经济"[M]. 北京:电子工业出版社,2013:29.

探索乡镇财政体制
（1983.10）

1983 年 10 月，中共中央、国务院发布《关于实行政社分开，建立乡政府的通知》，随着乡（镇）政权的建立，随着乡政府的建立，应当建立乡一级财政和相应的预、决算制度，明确收入来源和开支范围，是当时财政体制改革的一件大事。从此，我国开始探索乡镇财政体制。

一、重要文件

1983 年 10 月 8 日，财政部税务总局根据国务院的决定，发布《关于个体工商业户必须依法纳税的通告》。

1983 年 10 月 18—29 日，中国工会第十次全国代表大会通过了《中国工会章程》。

1983 年 10 月 22 日，国务院批转国家经委、国家物价局《关于进一步贯彻工业品按质论价政策的报告》。

二、重大事件

1983 年 10 月 4 日，财政部、国家经委联合下达工业企业扭转亏损的指令性指标。

1983 年 10 月 5 日，国务院设立国家烟草专卖局。

1983 年 10 月 9 日，中共中央组织部和国家劳动人事部发出通知，强调要合理设置机构，严格控制机构膨胀。

1983 年 10 月 19 日，经国务院批准，经济管理干部国家考试指导委员会在北京成立。

1983 年 10 月 25 日，国务院同意国家计委等部门，从 1984 年开始，把国民收入指标作为衡量经济发展的综合指标之一。

三、重要论述

《经济管理》(1983 年第 10 期)刊发蒋一苇的《关于工业经济责任制的一些问题》。文章指出，在工业中建立经济责任制，是受到农业经济责任制的启发。工业经济责任制包含企业经营责任制和企业经济责任制两个内容。后者属于企业内部的管理制度。企业经营责任制不单纯是分配问题，它包含责、权、利三个方面的内容。

《经济研究》(1983 年第 10 期)刊发周太和等人的《建立具有中国特色的经济体制》。文章指出，建立适合我国国情的经济体制，要处理好五个方面的关系：多种经济形式之间的关系，计划经济与市场调节的关系，中央与地方、条条与块块的关系，国家与企业的关系，国家、集体与劳动者的关系。

《社会科学辑刊》(1983 年第 5 期)刊发吴敬琏和周叔莲的《试论社会主义计划经济的调节方式》。文章指出，计划调节和市场调节这两种调节方式之间存在着一定的矛盾；把计划调节和市场调节有机地、内在地结合起来；把计划和市场妥善结合起来的调节方式，其有效性只会高于而不会低于指令性计划的调节方式。

四、重要数据

据 1983 年年底的数据统计，在全国 35000 个基层社中，已有 95% 进行了初步改革，恢复了合作商业性质，入股社员户已占全国农户总数的 80%；全国 2100 个县供销社中，80% 以上的县建立了县联社。山东省农村供销社的改革取得了一定成效。基层社对农民在供销社创办初期投入的股金，逐户清理核实，兑现分红，并吸收新股金。1983 年 10 月底，农民新入股的股金 4700 多万元，比老股金增加 1.4 倍多。社员股金总额占基层供销社自有流动资金的比重，由原来的 4.13% 上升到 9.6%。

五、作者观点

【探索乡镇财政体制】 乡镇财政是乡镇政府履行职能的财力基础，在巩固基层政权，促进乡镇经济和社会事业发展，完善财务管理等方面发挥着重要作用。乡镇财政作为连接国家与农民、城市与乡村的重要桥梁，在建立公共财政，提供农村公共服务，建设社会主义新农村中的地位越来越重要，任务越来越艰巨。1983 年 10 月，中共中央、国务院发布《关于实行政社分开，建立乡政府的通知》。《通知》要求在 1984 年年底以前大体上完成建立乡政府工作，并指出，“随着乡政府的建立，应当建立乡一级财政和相应的预、决算制度，明确收入来源和开支范围”。随着乡（镇）政权的建立，相应地建立乡（镇）一级财政是当时财政体制改革的一件大事。从此以后，财政部根据中共中央、国务院的部署逐步开展了乡镇财政建设工作，各地采取试点、探索、逐步完善的办法，探索乡镇财政体制。

参考文献

[1]人民日报图文数据库（1946—2018）。

[2]王振川．中国改革开放新时期年鉴（1983）[M]．北京：中国民主法制出版社，2015：767－868.

[3]中华全国工商业联合会，香港经济导报社，中国民（私）营经济研究会．中国私营经济年鉴[M]．北京：中国审计出版社，2005：208.

[4]中共中央政策研究室．中华人民共和国大事记（1949—2009）[M]．北京：人民出版社，2009：352.

[5]黄孟复．中国民营经济史·大事记[M]．北京：社会科学文献出版社，2009：168.

[6]中央财经领导小组办公室．中国经济发展五十年大事记（1949.10—1999.10）[M]．北京：人民出版社，1999：364.

[7]柳红．八〇年代：中国经济学人的光荣与梦想[M]．桂林：广西师范大学出版社，2010：223.

[8]蒋一苇．关于工业经济责任制的一些问题[J]．经济管理，1983

(10):23－29.

[9]徐平华．政府与市场:看得见的手与看不见的手[M]．北京:新华出版社,2014:88.

[10]贾康,刘薇．构建现代治理基础——中国财税体制改革40年[M]．广州:广东经济出版社,2017:100.

[11]邓力群,马洪,武衡．当代中国的经济体制改革[M]．北京:中国社会科学出版社,1984:191,489.

[12]周太和,詹武,傅丰祥．建立具有中国特色的经济体制[J]．经济研究,1983(10):11－18.

[13]吴敬琏,周叔莲．试论社会主义计划经济的调节方式[J]．社会科学辑刊,1983(5):50－58.

[14]李佐军．中国改革新思维——改出一个“人本市场经济”[M]．北京:电子工业出版社,2013:29.

中国企业改革的先行者——步鑫生
（1983.11）

1983年11月16日，《一个有独创精神的厂长——步鑫生》的长篇通讯刊登在了所有中国党报的头版。步鑫生成为当年最耀眼的企业英雄，以及中国企业改革的先行者。

一、重要文件

1983年11月2日，国务院批转国家医药管理局《关于中药工作问题的报告》。《报告》指出，中药材必须由药材公司统一经营，严禁哄抬药价和破坏中药资源，在出口时要贯彻“先国内、后国外，出口服从内销”的原则。

1983年11月4日，国务院批转商业部《关于全国历史免收布票和明年不收布票的请示》。

1983年11月8日，劳动人事部等部门发布《关于实行工资基金管理试行办法》。

1983年11月19日，国务院发布《关于制止买卖、租赁土地的通知》。

1983年11月15日—12月8日，六届全国人大常委会第三次会议通过了《中华人民共和国统计法》。

1983年11月28日—12月15日，中共中央、国务院发布《关于县级党政机关机构改革的通知》。《通知》指出，县委、县政府工作部门的设置，要根据党政合理分工的精神和精简的原则，大力简化和紧缩。

二、重大事件

1983 年 11 月 14 日，国务院决定从 1984 年新棉上市起，取消北方棉区 5% 价外补贴，同时在全国棉区将棉花定基数、超购加价收购办法改为固定牌价、加价比例收购办法。

1983 年 11 月 21 日，国家经委、财政部和中国人民银行联合召开全国企业技术进步工作会议。张劲夫在会上指出，推动技术进步要解决两个“大锅饭”问题。

1983 年 11 月 21 日，国务院作出农、林特产征税规定，凡取得农林特产收入的单位和个人都要缴纳农业税。

1983 年 11 月 28 日，国务院批准扩大大连市引进技术管理权限。

三、重要论述

1983 年 11 月 24 日，“新的世界产业革命与我国对策”研讨会开幕。会议着重讨论四个问题：一是对“新的世界工业革命”的看法；二是标志“新的世界工业革命”的新产业和新技术，在发达国家传统工业中的应用及其发展，以及对这些国家当前经济社会科技发展的影响和发展趋势分析；三是这种发展及其趋势，对世界、对我国将产生什么影响，对我们提出什么挑战。四是根据我国国情，应该从哪几个重要方面提出对策。

《经济研究》(1983 年第 11 期)刊发蒋一苇的《关于提高企业素质的若干理论问题》。文章提出，要提高企业素质，就要形成“一制四全”的一套具有中国特色的社会主义企业管理体系。“一制”，即在领导体制上建立民主集中制。“四全”，即在组织管理上实行四个全面管理：一是建立全面的人事劳动管理；二是建立全面的技术和质量管理；三是建立全面的经济核算；四是建立全面的计划管理。

四、重要数据

据统计，我国双季晚稻创历史新高，总产量比 1982 年增加 15 亿公斤。

五、作者观点

【中国企业改革的先行者——步鑫生】 我国自1981年开始的治理整顿，固然起到了遏制经济过热的效果，但是也挫伤了各地改革的积极性。到1983年秋天之后，如何振奋全国人心，唤起改革的热情，让舆论的重心再次回到发展的主轴上，成为主政者最大的课题。在这样的大背景下，浙江北部小县城里的一个裁缝出身的厂长走到了时代的聚光灯下。1983年11月16日，《一个有独创精神的厂长——步鑫生》的长篇通讯刊登在了所有中国党报的头版。步鑫生成为当年最耀眼的企业英雄，以及中国企业改革的先行者。1981年，步鑫生任海盐衬衫总厂厂长，制定了"生产上抓紧，管理上从严，经营上搞活，生活上关心"的办厂方针，在生产经营、内部管理、劳动用工及分配制度等方面大胆改革，打破了"吃大锅饭"的平均主义分配模式，充分调动了企业与职工的生产积极性和创造性。步鑫生解放思想、大胆改革创新，使企业迅速发展，其独创精神开风气之先，得到了党中央和浙江省委的肯定与推广。1983年，全国掀起学习步鑫生改革创新精神的热潮，推动了全国的企业改革。可以说，步鑫生用一把剪刀剪开了中国企业改革的帷幕。

参考文献

[1]人民日报图文数据库(1946—2018)。

[2]王振川. 中国改革开放新时期年鉴(1983)[M]. 北京:中国民主法制出版社,2015:869-975.

[3]中共中央政策研究室. 中华人民共和国大事记(1949—2009)[M]. 北京:人民出版社,2009:353.

[4]黄孟复. 中国民营经济史·大事记[M]. 北京:社会科学文献出版社,2009:168.

[5]中央财经领导小组办公室. 中国经济发展五十年大事记(1949.10—1999.10)[M]. 北京:人民出版社,1999:364-365.

[6]吴晓灵. 中国金融改革大事记[M]. 北京:中国金融出版社,2008:76.

[7]余靖静. 中国改革开放先进典型步鑫生因病去世[N]. 解放日报,

2015 - 06 - 07.

[8]柳红．八〇年代:中国经济学人的光荣与梦想[M]．桂林:广西师范大学出版社,2010:170 - 171.

[9]蒋一苇．关于提高企业素质的若干理论问题[J]．经济研究,1983(11):3 - 8.

[10]吴晓波．激荡三十年:中国企业 1978—2008[M]．北京:中信出版集团,2017:144 - 145.

[11]李佐军．中国改革新思维——改出一个“人本市场经济”[M]．北京:电子工业出版社,2013:29.

明确提出环境保护是基本国策
（1983.12）

1983年12月，国务院召开第二次全国环境保护会议，明确提出了环境保护是我国的一项基本国策，标志着我国环境保护工作进入到一个新的发展阶段。

一、重要文件

1983年12月1日，中共中央批转中央组织部省、市、自治区机构改革指导小组《关于调整省地两级领导班子的工作报告》。

1983年12月16日，国家经委颁布《质量管理小组暂行条例》。

1983年12月28日，国务院发布《城市私有房屋管理条例》。

1983年12月30日，国务院发布《关于严格控制城镇住宅标准的规定》。

二、重大事件

1983年12月13日，国务院和中央军委决定，自1984年1月1日起，铁道兵部队并入铁道部，集体转业。

1983年12月15日，我国建材行业第一家中外合资经营的企业——上海耀华皮尔金顿玻璃公司正式成立。

1983年12月22日，我国第一台亿次计算机“银河”研制成功。

1983年12月29日，根据国务院决定，中国工商银行在1984年1月1日正式成立。

三、重要论述

《求索》(1983 年第 6 期)刊发周叔莲《简论经济管理体制的内涵、模式和演变》的文章。文章认为,影响经济管理体制变化的因素主要包括:生产力的状况、生产关系的性质、政权和政治的状况、经济管理的传统、指导思想和意识形态等。提高群众思想认识,对保证改革的正确方向和健康发展具有十分重要的意义。

《农业经济丛刊》(1983 年第 6 期)刊发陈锡文和孙方明的《在新的起点上——烟台地区农村责任制调查报告》。文章指出,耕地经营使用权转移与集中有三种形式:一是土地承包到户后联户经营使用;二是对耕地采取投标的办法,相对集中耕地的经营使用权;三是根据家庭的实际耕作能力,承包较大面积的耕地,形成粮油生产的专业户。针对促进土地经营使用权集中与转移,农村劳力向非耕地经营流动,文章提出三条意见:一是促使劳力向非耕地经营流动是造成土地经营使用权集中与转移的条件;二是逐步实现农村生产大队内部土地经营使用权的进一步转移与集中;三是应当注重对土地经营使用权跨社队转移与集中的研究。

四、重要数据

1983 年,我国国内生产总值 5934.5 亿元,比 1982 年增长 10.9%,其中,第一产业增长 8.3%,第二产业增长 10.4%,第三产业增长 15.2%。全社会固定资产投资 1369.06 亿元,其中国有单位完成基本建设投资 594.13 亿元。全国财政收入 1366.95 亿元,比 1982 年增长 12.8%;财政支出 1409.52 亿元,比 1982 年增长 14.6%。全年社会商品零售总额 2849.4 亿元,商品零售价格指数比 1982 年增长 1.5%。全国进出口贸易总额 860.15 亿元,其中,出口 438.33 亿元,进口 421.82 亿元,出超 16.51 亿元。城镇居民家庭人均全部收入 572.88 元,农村居民家庭人均纯收入 309.77 元。

五、作者观点

【明确提出环境保护是基本国策】 环境保护不是一个部门的工作,而是政府所有部门、企业和全体民众共同的职责。1973 年 8 月,我国第一次全国环保大会的召开,标志着中国公民环保意识的觉醒。1983 年 12 月,第二次全国环保会议召开,会上宣布将环境保护确定为基本国策。把环境保护定为基本国策是需要勇气和智慧的,因为当时经济百废待兴,各级政府更多的是关注经济复兴,而相对忽视了环境保护。尽管有反对的声音,但是中央政府还是作出了经济建设、城乡建设和环境建设要同步规划、同步实施、同步发展的方针,要求做到经济效益、社会效益和生态效益的统一。由此确定了环境保护在国家经济和社会发展中的重要地位。“三同步”与“三统一”第一次在战略高度上被确定为环境保护工作的指导方针,对我国环保事业的发展具有深远的影响。这次会议标志着我国环境保护工作进入到一个新的发展阶段。

参考文献

[1]人民日报图文数据库(1946—2018)。

[2]王振川. 中国改革开放新时期年鉴(1983)[M]. 北京:中国民主法制出版社,2015:976 - 1078.

[3]中共中央政策研究室. 中华人民共和国大事记(1949—2009)[M]. 北京:人民出版社,2009:353 - 354.

[4]黄孟复. 中国民营经济史·大事记[M]. 北京:社会科学文献出版社,2009:169.

[5]中央财经领导小组办公室. 中国经济发展五十年大事记(1949.10—1999.10)[M]. 北京:人民出版社,1999:365 - 366.

[6]吴晓灵. 中国金融改革大事记[M]. 北京:中国金融出版社,2008:76 - 77.

[7]李晓西. 绿色抉择:中国环保体制改革与绿色发展 40 年[M]. 广州:广东经济出版社,2017:56,543.

[8]吴晓波. 激荡三十年:中国企业 1978—2008[M]. 北京:中信出版集团,2017:144 - 145.

[9]周叔莲. 简论经济管理体制的内涵、模式和演变[J]. 求索,1983

(6):84 -90.

[10]陈锡文,孙方明. 在新的起点上——烟台地区农村责任制调查报告[J]. 农业经济丛刊,1983(6):3 -10.

[11]李佐军. 中国改革新思维——改出一个“人本市场经济”[M]. 北京:电子工业出版社,2013:29.